UMA LAND NEXT DOOR

となりのUMA《ユーマ》ランド

写《しゃ》真《しん》で見《み》る未《み》確《かく》認《にん》生《せい》物《ぶつ》図《ず》鑑《かん》

はじめに

この『となりのUMA《ユーマ》ランド』を開《ひら》いてくれたキミへ

INTRODUCTION ——— For the readers of "UMA Land Next Door"

はじめまして、UMA研究家《けんきゅうか》のナカザワタケシです。ボクは、世界中《せかいじゅう》から目撃情報《もくげきじょうほう》が報告《ほうこく》されているのに、いまだに正体《しょうたい》が確認《かくにん》されていないナゾだらけのUMA（未確認生物《みかくにんせいぶつ》）の調査《ちょうさ》と研究《けんきゅう》をしているんだ。この本《ほん》では、キミの近《ちか》くにいるかもしれないUMAたちが発見《はっけん》された場所《ばしょ》『山《やま》・森《もり》、水中《すいちゅう》、空《そら》、町《まち》、宇宙《うちゅう》』の分類《ぶんるい》にわけて紹介《しょうかい》するよ。え！ UMAを知《し》らないって？ まずは、個性《こせい》あふれる不思議《ふしぎ》なUMAについて説明《せつめい》しよう！

ぼうし

『動《うご》く待《ま》ちあわせ場所《ばしょ》』と書《か》いてある帽子《ぼうし》をかぶっているよ。

どこにいてもすぐ見《み》つかるよ！

ようふく

『歩《ある》く雑誌《ざっし》』と名《な》づけている！

UMAや怪獣《かいじゅう》にまつわるイラストや記事《きじ》の書《か》かれた手作《てづく》りの雑誌《ざっし》を体《からだ》にはりつけている。

ボクにとって戦闘服《せんとうふく》さ！

とくぎ

絵《え》を描《か》くこと。

逃《に》げ足《あし》が速《はや》い（危《あぶ》ないUMAがいたら逃《に》げられるようにね！）

TAKESHI NAKAZAWA

UMA《ユーマ》研究家《けんきゅうか》のプロフィール

なまえ：ナカザワタケシ
ニックネーム：ナカザワ博士《はかせ》
血液型《けつえきがた》：B
出身地《しゅっしんち》：茨城県《いばらきけん》生《う》まれ
誕生日《たんじょうび》：10月《がつ》30日《にち》
好《す》きなもの：UMAと怪獣《かいじゅう》
座右《ざゆう》の銘《めい》：生《い》きていればチャンスも増《ふ》える

UMA《ユーマ》（未確認生物《みかくにんせいぶつ》）って何《なに》!?

What is UMA (Unidentified Mysterious Animal)?

UMAとは、写真《しゃしん》や映像《えいぞう》が撮《と》られたことがあり、目撃《もくげき》した人《ひと》もいるけれど、本当《ほんとう》にいるかは、まだハッキリわかっていない生《い》き物《もの》たちのことだ。

英語《えいご》で「謎《なぞ》の未確認動物《みかくにんどうぶつ》」を意味《いみ》する「Unidentified Mysterious Animal」の頭文字《かしらもじ》を取《と》って呼《よ》ばれている。

じつは日本《にほん》で作《つく》られた言葉《ことば》で、外国《がいこく》ではヒドゥン・アニマル（Hidden Animal）やクリプティッド（Cryptid）と呼《よ》ばれることが多《おお》い。どちらの言葉《ことば》も「かくされた動物《どうぶつ》」「かくれた動物《どうぶつ》」といったような意味《いみ》だ。私《わたし》たち人間《にんげん》の目《め》からはかくれ続《つづ》けている生物《せいぶつ》がいると考《かんが》えて、それらを探《さが》し続《つづ》けている人《ひと》は世界中《せかいじゅう》にいるんだね。

UMAの中《なか》でも特《とく》に有名《ゆうめい》なのはイギリスのネッシーや、アメリカのビッグフット。日本《にほん》では河童《かっぱ》やツチノコなどが有名《ゆうめい》だ。恐竜《きょうりゅう》の生《い》き残《のこ》りや、空想上《くうそうじょう》の存在《そんざい》だと考《かんが》えられていた妖怪《ようかい》のような生物《せいぶつ》が世《せ》界《かい》ではたくさん目撃《もくげき》されている。そう考《かんが》えたらワクワクしてこないかい？

え？　UMAなんて信《しん》じないって？　UMAなんていないと思《おも》うかい？　でもね、新種《しんしゅ》の生物《せいぶつ》は毎年《まいとし》、約《やく》1万《まん》8千種類《せんしゅるい》近《ちか》くも発見《はっけん》されているんだよ！

それに、キミたちが動物園《どうぶつえん》や動物《どうぶつ》図《ず》鑑《かん》で見《み》たことがある動物《どうぶつ》の中《なか》にも、もとはUMAといわれていた生物《せいぶつ》はたくさんいる！　たとえば、ゴリラは19世紀《せいき》に発見《はっけん》されるまでは空想上《くうそうじょう》の動物《どうぶつ》だと思《おも》われていたんだ。パンダも1869年《ねん》までは実在《じつざい》することを証明《しょうめい》されていなかった。

ほかにも、キミたちが当《あ》たり前《まえ》のように知《し》っている動物《どうぶつ》の中《なか》には、もとはUMAだった生物《せいぶつ》がたくさんいる。「ゴリラを見《み》た」「パンダを見《み》た」といっても、「そんな動物《どうぶつ》は、いない」といわれていた時代《じだい》もあったんだ。

ネッシーやビッグフットだって、今《いま》はまだ見《み》つかっていないだけなのかもしれない。今《いま》はUMAと呼《よ》ばれている生物《せいぶつ》の中《なか》には将来発見《しょうらいはっけん》されるものも、絶対《ぜったい》にいる!!

キミたちも、UMAを目撃《もくげき》できるかもしれないんだ。

もしかしたら、未確認生物《みかくにんせいぶつ》から「未《み》確認《かくにん》」の文字《もじ》を取《と》って、本当《ほんとう》にいる生物《せいぶつ》にするのはキミかもしれないぞ！

こんなにあったUMA《ユーマ》の種類《しゅるい》！

There are so many different kinds of UMA!

未確認《みかくにん》新種《しんしゅ》生物《せいぶつ》

未発見《みはっけん》の新種《しんしゅ》の生物《せいぶつ》。目撃《もくげき》した人《ひと》や写真《しゃしん》を撮《と》った人《ひと》はいるが、一度《いちど》も捕《つか》まったことがないために実在《じつざい》するかどうかは研究者《けんきゅうしゃ》のあいだで話《はな》し合《あ》いがされ続《つづ》けている。捕獲《ほかく》されたら新種《しんしゅ》の生物《せいぶつ》として登録《とうろく》される。

※ツチノコ、モンゴリアン・デス・ワームなど。

リアルモンスター

怪物《かいぶつ》や妖怪《ようかい》の話《はなし》は世界中《せかいじゅう》にある。その中《なか》には現代《げんだい》でも目《もく》撃《げき》されているものがいる。妖《よう》怪《かい》は空想上《くうそうじょう》の存在《そんざい》ではなく、実在《じつざい》する可能性《かのうせい》があるのだ。

※河童《かっぱ》、トヨール、火《ひ》の鳥《とり》など。

宇宙《うちゅう》&異次元《いじげん》生物《せいぶつ》

UMAの中《なか》には宇宙《うちゅう》や異次元《いじげん》からやって来《き》た生物《せいぶつ》ではないかと考《かんが》えられているものも大勢《おおぜい》いる。地球《ちきゅう》の生物学《せいぶつがく》からは大《おお》きくかけ離《はな》れた特徴《とくちょう》を持《も》つ不《ふ》思議《しぎ》なUMA たちだ。

※フラットウッズ・モンスター、モスマン、エルバッキーなど。

絶滅《ぜつめつ》未確認《みかくにん》生物《せいぶつ》

かつては存在《そんざい》が確認《かくにん》されていたが、現代《げんだい》は絶滅《ぜつめつ》してしまったといわれている生物《せいぶつ》。

それらの生《い》き残《のこ》りが正体《しょうたい》だと考《かんが》えられているUMAもいる。
※牛久《うしく》プテラノドン、モケーレ・ムベンベ、ムビエル・ムビエル・ムビエルなど。

未確認《みかくにん》進化《しんか》生物《せいぶつ》

UMAの中《なか》には、すでに存在《そんざい》する動物《どうぶつ》が大型《おおがた》に成長《せいちょう》したと考《かんが》えられているものがいる。

また古代生物《こだいせいぶつ》の生《い》き残《のこ》りだと考《かんが》えられているUMAには、古生物学《こせいぶつがく》の観点《かんてん》から見《み》ると異《こと》なった特徴《とくちょう》を持《も》っている生物《せいぶつ》も多《おお》い。何千年《なんぜんねん》も生《い》き残《のこ》っていく過程《かてい》で独自《どくじ》の進化《しんか》を遂《と》げた可能性《かのうせい》が考《かんが》えられる。

※ジャイアント・デビル・スナッパー、空飛《そらと》ぶトリケラトプスなど。

誤認《ごにん》&フェイクUMA《ユーマ》

実在《じつざい》する動物《どうぶつ》や、何《なん》らかの物《ぶっ》体《たい》をUMAに誤認《ごにん》してしまうケースもある。誤認《ごにん》とは、思《おも》いちがいをしてしまうことをいうよ。また、人間《にんげん》がわざとUMAを見《み》たと作《つく》り話《ばなし》をしてしまうフェイク情報《じょうほう》もある。本当《ほんとう》かウソかよくわからない情報《じょうほう》があったら、いろいろな角度《かくど》から調《しら》べてみよう！

分類《ぶんるい》保《ほ》留《りゅう》UMA《ユーマ》

UMAは正体不明《しょうたいふめい》なので、分類《ぶんるい》わけが難《むずか》しい生物《せいぶつ》たちだ。

ネッシーは古代生物《こだいせいぶつ》の生《い》き残《のこ》りと考《かんが》えている人《ひと》もいれば、新種《しんしゅ》の生物《せいぶつ》だという説《せつ》もある。

フェイクだといわれることが多《おお》いUMAが本当《ほんとう》にいる可能《かのう》性《せい》だって、もちろんあるんだ。

UMAを正《ただ》しく分類《ぶんるい》わけするには、捕獲《ほかく》して調《しら》べるしかない。

この本《ほん》の見《み》方《かた》

How to read this book

UMA《ユーマ》と遭遇《そうぐう》した!

UMA encounter!

まだ発見《はっけん》されていないUMAは、キミの近《ちか》くに潜《ひそ》んでいるかもしれない……驚《おどろ》きの目撃《もくげき》写真《しゃしん》がここに!

UMA《ユーマ》発見《はっけん》!?写真《しゃしん》 1

UMA found!? Proof Photo

② 未確認生物図鑑《みかくにんせいぶつずかん》

The Guide to Unidentified Mysterious Animals

UMA解説《かいせつ》

未確認生物《みかくにんせいぶつ》のエピソードや関連《かんれん》する情報《じょうほう》を解説《かいせつ》。調査《ちょうさ》のヒントもあるよ。探《さが》すときの参考《さんこう》にしてみてね!

発見場所《はっけんばしょ》

発見率《はっけんりつ》が多《おお》い場所《ばしょ》を(山《やま》・森《もり》/水中《すいちゅう》/空《そら》/町《まち》/宇宙《うちゅう》)で示《しめ》しているよ

Yeti イエティ | UMA No. 01 | 山《やま》・森《もり》のUMA UMA in Mountain and forests

山森

ヒマラヤの雪男《ゆきおとこ》。身長《しんちょう》2m以上《いじょう》の巨大《きょだい》な生物《せいぶつ》であるという話《はなし》が広《ひろ》まっているが、発見《はっけん》された足跡《あしあと》のサイズから考《かんが》えると、実際《じっさい》には1・3mくらいの生物《せいぶつ》ではないかとも研究者《けんきゅうしゃ》の間《あいだ》ではいわれている。目撃者《もくげきしゃ》のひとり、ネパールの有名歌手《ゆうめいかしゅ》クマール・バネットによると、ヒマラヤには3種類《しゅるい》の雪男《ゆきおとこ》がいて、1番大《ばんおお》きいのは「ミティ」で5mもある。2番目《ばんめ》に大《おお》きいのがイエティで、そのほかに身長《しんちょう》80cmほどの「チュティ」という雪男《ゆきおとこ》もいるらしい。現地《げんち》の人々《ひとびと》はイエティを神聖《しんせい》な動物《どうぶつ》として考《かんが》えている。ヒマラヤ山脈《さんみゃく》の寺院《じいん》ではイエティの頭皮《とうひ》がまつられているが、科学的《かがくてき》な分析《ぶんせき》の結果《けっか》、この頭皮《とうひ》は実際《じっさい》にはヒグマのものであることが判明《はんめい》した。

ナカザワ博士《はかせ》チェック Dr.Nakazawa Check

モケーレ・ムベンベやモンゴリアン・デス・ワームなども、実際《じっさい》のサイズよりも巨大《きょだい》なイメージを持《も》たれている。迫力《はくりょく》ある話《はなし》のほうが話題《わだい》になって広《ひろ》まりやすいのか?

目撃率《もくげきりつ》 Witness rate 8

スター度《ど》 Stardom level 10

体長《たいちょう》 1.3~2m
Height: 1.3~2 meters

発見場所《はっけんばしょ》 ネパール ヒマラヤ山脈《さんみゃく》
Spotted location: Nepal, Himalayas

得意技《とくいわざ》 寒《さむ》さに強《つよ》い
Special talent: Strong against the cold

ヒマラヤの生《い》きる伝説!

14

気《き》になるUMA《ユーマ》の生態《せいたい》を調《しら》べよう!

Let's take a look at how these creatures live their life!

パラメーター

目撃率《もくげきりつ》 目撃数《もくげきすう》が多《おお》いほど、数値《すうち》が高《たか》いよ。

○○度《ど》 その未確認生物《みかくにんせいぶつ》の個性的《こせいてき》な特徴《とくちょう》を示《しめ》しているよ。

※撮影後《さつえいご》に気付《きづ》いたケースも含《ふく》む

基本情報《きほんじょうほう》

・体長《たいちょう》
・発見場所《はっけんばしょ》
・好《す》きなものや得意技《とくいわざ》

※目撃情報《もくげきじょうほう》をもとにしたおおよそのデータです

もくじ

CONTENTS

のUMA

未《み》確《かく》認《にん》生《せい》物《ぶつ》

UMA in Mountains and Forests

CHAPTER 1

山《やま》・森《もり》

どの子《ご》がイエティ!?
Which one is the Yeti!?

幸《しあわ》せを運《はこ》んでくるキミは、
幸《しあわ》せなの？

You bring happiness to people,
but are YOU happy?

ヒマラヤの雪男《ゆきおとこ》。身長《しんちょう》2m以上《いじょう》の巨大《きょだい》な生物《せいぶつ》であるという話《はなし》が広《ひろ》まっているが、発見《はっけん》された足跡《あしあと》のサイズから考《かんが》えると、実際《じっさい》には1・3mくらいの生物《せいぶつ》ではないかとも研究者《けんきゅうしゃ》の間《あいだ》ではいわれている。目撃者《もくげきしゃ》のひとり、ネパールの有名歌手《ゆうめいかしゅ》クマール・バネットによると、ヒマラヤには3種類《しゅるい》の雪男《ゆきおとこ》がいて、1番大《ばんおお》きいのは「ミティ」で5mもある。2番目《ばんめ》に大《おお》きいのがイエティで、そのほかに身長《しんちょう》80cmほどの「チュティ」という雪男《ゆきおとこ》もいるらしい。現地《げんち》の人々《ひとびと》はイエティを神聖《しんせい》な動物《どうぶつ》として考《かんが》えている。ヒマラヤ山脈《さんみゃく》の寺院《じいん》ではイエティの頭皮《とうひ》がまつられているが、科学的《かがくてき》な分析《ぶんせき》の結果《けっか》、この頭皮《とうひ》は実際《じっさい》にはヒグマのものであることが判明《はんめい》した。

ナカザワ博士《はかせ》チェック
Dr.Nakazawa Check

モケーレ・ムベンベやモンゴリアン・デス・ワームなども、実際《じっさい》のサイズよりも巨大《きょだい》なイメージを持《も》たれている。迫力《はくりょく》ある話《はなし》のほうが話題《わだい》になって広《ひろ》まりやすいのか？

目撃率《もくげきりつ》 Witness rate **8**

スター度《ど》 Stardom level **10**

体長《たいちょう》 1.3〜2m
Height: 1.3～2 meters

発見場所《はっけんばしょ》 ネパール ヒマラヤ山脈《さんみゃく》
Spotted location: Nepal, Himalayas

得意技《とくいわざ》 寒《さむ》さに強《つよ》い
Special talent: Resistant to cold

イエティ

ヒマラヤの生《い》きる伝説《でんせつ》!

火《ひ》と酒《さけ》とUMA
ジャッカロープ
JACKALOPE

目撃率《もくげきりつ》 Witness rate 5

カワイイ度《ど》 Kawaii level 10

体長《たいちょう》 50~80cm
Height: 50 ~80 cm

発見場所《はっけんばしょ》 アメリカ ワイオミング州《しゅう》
Spotted location: Wyoming, America

好《す》きなもの たき火《び》
Likes : Bonfires

ナカザワ博士《はかせ》チェック Dr.Nakazawa Check

たき火《び》と、ウイスキーの匂《にお》いが好《す》きなんだって!! キャンプ場《じょう》などで、家族《かぞく》と一緒《いっしょ》にジャッカロープをおびき寄《よ》せたいね！

頭部《とうぶ》に鹿《しか》の角《つの》のようなものが2本生《ほんは》えているウサギと似《に》た姿《すがた》をした未確認生物《みかくにんせいぶつ》。群《む》れをなして行動《こうどう》する習性《しゅうせい》がある。アメリカのワイオミング州《しゅう》などで目撃《もくげき》されているが、地元《じもと》では縁起《えんぎ》の良《よ》いものとされている。目撃《もくげき》したら幸運《こううん》になれるUMAということで、アメリカではジャッカロープのはく製《せい》などもお土産《みやげ》として売《う》られているが、もちろん本物《ほんもの》ではない。本物《ほんもの》のジャッカロープを見《み》つけても、貴重《きちょう》な生物《せいぶつ》なので、そっと観察《かんさつ》するのが良《よ》いだろう。そうすれば、きっと目撃者《もくげきしゃ》の元《もと》に幸《しあわ》せも運《はこ》んでくれるはずだ。

ディンゴネク……
はじめて見《み》た
The first time I saw a Dingonek...

ツチノコ……
はじめて見《み》た

The first time I saw a Tsuchinoko...

ツチノコ

TSUCHINOKO

日本《にほん》が生《う》んだ神秘《しんぴ》!

UMA NO. 03

日本《にほん》を代表《だいひょう》するUMA。体《からだ》はビール瓶《びん》のように太《ふと》く、尾《お》はネズミのように細《ほそ》い。かつては妖怪《ようかい》のような存在《そんざい》としても伝《つた》えられていた。ツチノコがいる山《やま》に入《はい》ると祟《たた》りにあうという怖《こわ》い話《はなし》もある。現在《げんざい》では懸賞金《けんしょうきん》がかけられており、多《おお》くの人間《にんげん》が捕獲《ほかく》を夢見《ゆめみ》るUMAとなった。最大《さいだい》の特徴《とくちょう》は2mほどジャンプするということである。未知《みち》の蛇《へび》だといわれることが多《おお》いが、蛇《へび》にはない瞼《まぶた》があり、まばたきをしている様子《ようす》も目撃《もくげき》されている。新種《しんしゅ》のトカゲや、サンショウウオの仲間《なかま》など、正体《しょうたい》についてはまだ断定《だんてい》せず様々《さまざま》な仮説《かせつ》を考《かん》えるべきであろう。

ナカザワ博士《はかせ》チェック
Dr.Nakazawa Check

幸《しあわ》せそうにいびきをかいて寝《ね》ていたところを目撃《もくげき》されたこともあったんだ。寝《ね》ている隙《すき》に捕獲《ほかく》してほしかったな〜!!

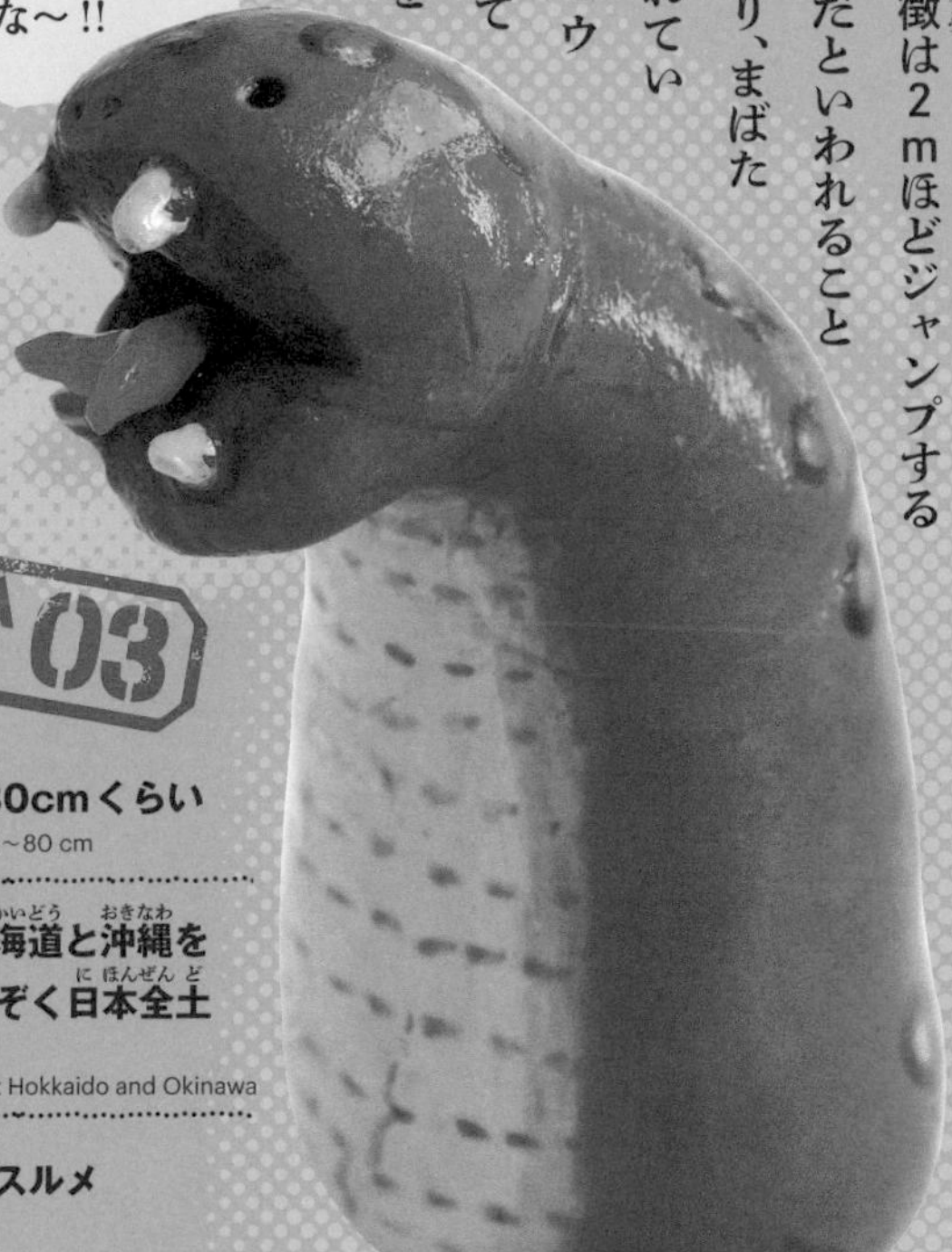

体長《たいちょう》 30〜80cmくらい
Height: Around 30～80 cm

発見場所《はっけんばしょ》 北海道《ほっかいどう》と沖縄《おきなわ》をのぞく日本全土《にほんぜんど》
Spotted location:
All of Japan except Hokkaido and Okinawa

好《す》きなもの スルメ
Likes: Dried squid

目撃率《もくげきりつ》 Witness rate 10

スター度《ど》 Stardom level 10

ジャングル育《そだ》ちの合体《がったい》UMA

ディンゴネク

DINGONEK

目撃率《もくげきりつ》
Witness rate
4

デンジャラス度《ど》
Dangerous level
9

体長《たいちょう》 3m
Height: 3 meters

発見場所《はっけんばしょ》 中部《ちゅうぶ》アフリカ コンゴ共和国《きょうわこく》
Spotted location: Central Africa, Republic of Congo

得意技《とくいわざ》 角《つの》を使《つか》った頭突《ずつ》き攻撃《こうげき》
Special power: Head-butt attack using horns

UMA NO. 04

ナカザワ博士《はかせ》チェック
Dr.Nakazawa Check

恐竜《きょうりゅう》の生《い》き残《のこ》りの可能性《かのうせい》はあるけど、ティラノサウルスではなく、まだ化石《かせき》も発見《はっけん》されていない未知《みち》の恐竜《きょうりゅう》が生《い》きているんじゃないかな!?

ディンゴネクは、ティラノサウルスの生《い》き残《のこ》りという説《せつ》もあるが、頭部《とうぶ》には1本《ぽん》の角《つの》を持《も》ち、全身《ぜんしん》はセンザンコウのような鱗《うろこ》に覆《おお》われていて、尻尾《しっぽ》にはサソリのような毒針《どくばり》を持《も》っているなど、あまりティラノサウルスらしくはない。様々《さまざま》な生物《せいぶつ》の特徴《とくちょう》をあわせ持《も》つUMAである。凶暴《きょうぼう》な生物《せいぶつ》らしく、目撃《もくげき》した者《もの》はおそわれてしまうこともある。姿《すがた》を直接《ちょくせつ》見《み》た人間《にんげん》は少《すく》ないが、ディンゴネクの足跡《あしあと》は1900年代《ねんだい》に多《おお》くの人間《にんげん》が目撃《もくげき》している。コンゴのジャングルに未知《みち》の生物《せいぶつ》がいることは間違《まちが》いないようだ。

その大きな足《ビッグフット》は歴史《れきし》を変《か》えた

The big foot that changed history...

再《さい》生《せい》能《のう》力《りょく》がスゴいんで、
乱《らん》暴《ぼう》に掘《ほ》り起《お》こしちゃいました

Taisai's regenerative ability was so great that I had to dig it up roughly!

ビッグフット

BIGFOOT

UMAもタオルで体《からだ》を洗《あら》う!?

アメリカを代表《だいひょう》するUMA。ビッグフットを主役《しゅやく》にした映画《えいが》やコミック、フィギュアなども大人気《だいにんき》。身長《しんちょう》は2～3mほどあり、発見《はっけん》された足跡《あしあと》は45㎝もあった。かつては、人里離《ひとざとはな》れた山奥《やまおく》で目撃《もくげき》されていたが、近年《きんねん》では、街《まち》などの人《ひと》が集《あつ》まる場所《ばしょ》での目撃《もくげき》も増《ふ》えている。

1967年《ねん》にカリフォルニア州《しゅう》ユーレカで撮影《さつえい》されたビッグフットの映像《えいぞう》（パターソン・ギムリン・フィルム）は、UMAをとらえた映像《えいぞう》の中《なか》でも特《とく》に本物《ほんもの》である可能性《かのうせい》が高《たか》いともいわれている。近年《きんねん》は、川《かわ》でタオルを使《つか》って体《からだ》を洗《あら》っている様子《ようす》が撮影《さつえい》されたこともあり、人間《にんげん》の文化《ぶんか》にも少《すこ》し染《そ》まってきているのかもしれない。

UMA NO. 05

ナカザワ博士《はかせ》チェック

Dr.Nakazawa Check

外敵《がいてき》の気配《けはい》を感《かん》じると、周囲《しゅうい》の木《き》を叩《たた》いて、その音《おと》で威嚇《いかく》するらしいよ。何者《なにもの》かが木《き》を叩《たた》く音《おと》がしたら、その森《もり》にはビッグフットがいるのかも!?

目撃率《もくげきりつ》 Witness rate 10

スター度《ど》 Stardom level 10

体長《たいちょう》 2～3m
Height: 2～3 meters

発見場所《はっけんばしょ》 アメリカ、カナダ
Spotted location: America, Canada

得意技《とくいわざ》 威嚇《いかく》
Special talent: He's scary.

不老不死《ふろうふし》の秘密《ひみつ》がここに!

太歳《たいさい》

TAISAI

目撃率《もくげきりつ》
Witness rate
8

神秘度《しんぴど》
Mystery level
10

体長《たいちょう》 30cm ~ 無限大《むげんだい》
Height: 30 cm ~ infinity

発見場所《はっけんばしょ》 中国《ちゅうごく》
Spotted location: China

得意技《とくいわざ》 再生能力《さいせいのうりょく》
Special power: Regeneration

UMA NO. 06

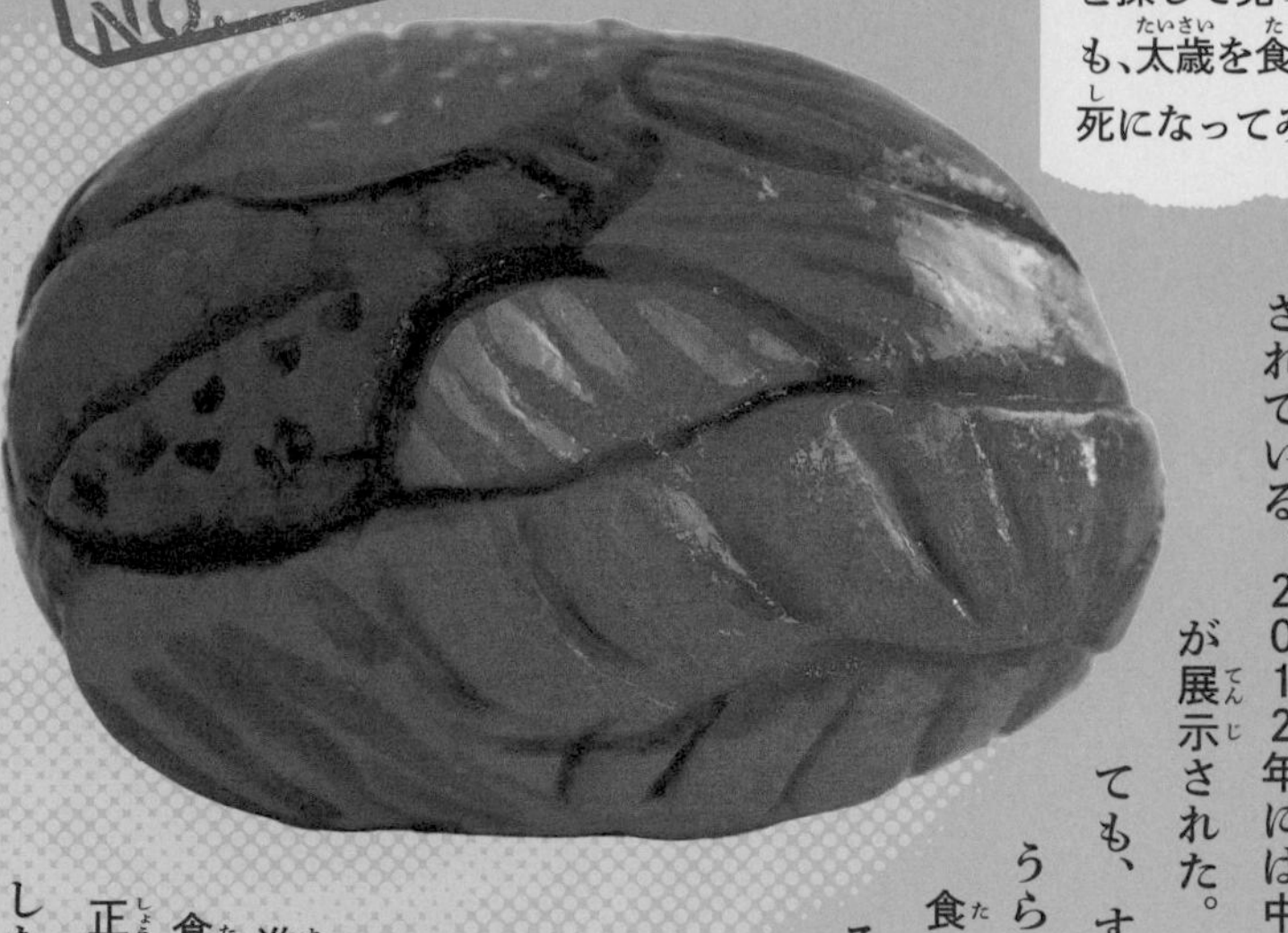

ナカザワ博士《はかせ》チェック
Dr.Nakazawa Check

UMAは簡単《かんたん》には発見《はっけん》できない! いろんなUMAを探《さが》して見《み》つけるためにも、太歳《たいさい》を食《た》べて不老不死《ふろうふし》になってみたいな〜。

中国《ちゅうごく》の地中《ちちゅう》で生《い》きている目《め》も鼻《はな》も口《くち》もない肉《にく》の塊《かたまり》で、これを食《た》べると不老不死《ふろうふし》になるという伝承《でんしょう》もある。ただのいい伝《つた》えではなく、近年《きんねん》でも太歳《たいさい》が発見《はっけん》されている。2012年《ねん》には中国武漢美術館《ちゅうごくぶかんびじゅつかん》に太歳《たいさい》が展示《てんじ》された。太歳《たいさい》の一部《いちぶ》を切断《せつだん》しても、すぐに再生《さいせい》してしまうらしい。その回復力《かいふくりょく》は、食《た》べると不老不死《ふろうふし》になるという話《はなし》を信《しん》じたくなるくらいに驚異《きょうい》的《てき》だ。ただし、実際《じっさい》に太歳《たいさい》を食《た》べた人間《にんげん》はまだいないようだ。中国《ちゅうごく》の大学《だいがく》で保管《ほかん》されて、現在調査《げんざいちょうさ》も進《すす》められているので、食《た》べるのはしっかり正体《しょうたい》が判明《はんめい》してからにしたほうが良《よ》いだろう。

神秘《しんぴ》には毒《どく》がある

He holds a dark secret... shhh...

山《やま》に潜《ひそ》む魔物《まもの》!!

The monster that lurks in the mountains!!

正体《しょうたい》は中生代《ちゅうせいだい》ジュラ紀《き》の恐竜《きょうりゅう》アパトサウルスの生《い》き残《のこ》りだといわれているUMA。1980年代頃《ねんだいごろ》までは、テレ湖《こ》に生息《せいそく》していると考《かんが》えられていたが、とても浅《あさ》い湖《みずうみ》だったことが分《わ》かったことと、陸地《りくち》を歩《ある》いているところを見《み》た人間《にんげん》が多《おお》くいたことが判明《はんめい》したため、今《いま》では基本的《きほんてき》には陸地《りくち》で生活《せいかつ》する生物《せいぶつ》だと考《かんが》えられている。モケーレ・ムベンベという名前《なまえ》は現地《げんち》の言葉《ことば》で「虹《にじ》」という意味《いみ》で、虹《にじ》のように雨上《あめあ》がりに現《あらわ》れたところを目撃《もくげき》されることも多《おお》い。神秘的《しんぴてき》な存在《そんざい》でもあるが、その肉《にく》を食《た》べた人間《にんげん》は死《し》んでしまったという怖《こわ》い話《はなし》もある。

ナカザワ博士《はかせ》チェック
Dr.Nakazawa Check

テレ湖《こ》は隕石《いんせき》が落下《らっか》した跡《あと》に水《みず》が溜《た》まって出来《でき》た湖《みずうみ》という説《せつ》もあるんだ。恐竜《きょうりゅう》の生《い》き残《のこ》り説《せつ》を信《しん》じる人間《にんげん》も多《おお》いけど、ボクは宇宙怪獣《うちゅうかいじゅう》の可能性《かのうせい》もあると考《かんが》えている！

体長《たいちょう》 5～10m
Height: 5～10 meters

発見場所《はっけんばしょ》 中部《ちゅうぶ》アフリカ コンゴ共和国《きょうわこく》 テレ湖周辺《こしゅうへん》
Spotted location: Central Africa, Republic of Congo, Lake Tele

得意技《とくいわざ》 肉《にく》にふくまれる強烈《きょうれつ》な毒《どく》
Special power: Has deadly poison in his lumps.

目撃率《もくげきりつ》 Witness rate **6**

神秘度《しんぴど》 Mystery level **10**

モケーレ・ムベンベ
MOKELE-MBEMBE
虹《にじ》という名《な》のUMA

モノマネ上手《じょうず》の食《く》いしん坊《ぼう》

チャンサンボン

JANGSAN TIGER

UMA NO. 08

体長《たいちょう》 1.5〜3m
Height: 1.5〜3 meters

発見場所《はっけんばしょ》 韓国《かんこく》 釜山《ブサン》
Spotted location: Busan, Korea

得意技《とくいわざ》 モノマネ
Special power: A good mimic

目撃率《もくげきりつ》 Witness rate 6

デンジャラス度《ど》 Dangerous level 9

ナカザワ博士《はかせ》チェック Dr.Nakazawa Check

韓国《かんこく》の人気漫画家《にんきまんがか》がチャンサンボンを目撃《もくげき》して、そのときの様子《ようす》を漫画《まんが》に描《か》いたんだ。この漫画《まんが》が話題《わだい》になって、チャンサンボンの人気《にんき》もすごいことになった！

漢字表記《かんじひょうき》は「萇山虎《チャンサンボン》」。巨大《きょだい》な虎《とら》のような姿《すがた》をしている。全身《ぜんしん》が白《しろ》い毛《け》に覆《おお》われたものが多《おお》く目撃《もくげき》されているが、黄土色《おうどいろ》のチャンサンボンを見《み》た人《ひと》もいる。一説《いっせつ》によれば、年老《としお》いて妖力《ようりょく》を持《も》つと全身《ぜんしん》が白《しろ》く変化《へんか》するらしい。一度《いちど》聞《き》いた声《こえ》や音《おと》は、すべてモノマネをすることが出来《でき》る。人間《にんげん》そっくりの声《こえ》を出《だ》して、さそい寄《よ》せた人間《にんげん》を食《た》べてしまうこともあるらしい。赤色《あかいろ》のものが苦手《にがて》らしいので、チャンサンボンがいる山《やま》などに入《はい》る場合《ばあい》は赤《あか》い服《ふく》を着《き》ていくと良《よ》いだろう。韓国《かんこく》に生息《せいそく》していた虎《とら》は１９００年代前半《ねんだいぜんはん》に絶滅《ぜつめつ》したといわれているが、未確認《みかくにん》の新種《しんしゅ》の虎《とら》が生《い》き残《のこ》っているのだろうか？

となりの山《やま》には、
不《ふ》思《し》議《ぎ》がいっぱい!!

The mountains are full of weird creatures!

いたずらするのは、さみしいから

I pull pranks because I'm sad...

植《しょく》物《ぶつ》ネッシー

PLANT NESSIE

植物《しょくぶつ》?ネッシー?スライム?何《なん》だろう?

ネッシーに似《に》た姿《すがた》のUMAは世界中《せかいじゅう》の湖《みずうみ》、海《うみ》、川《かわ》や沼《ぬま》でも目撃《もくげき》されている。そして、山《やま》の中《なか》でも目撃《もくげき》されているネッシータイプのUMAがいる。宝篋山《ほうきょうさん》で野鳥《やちょう》を観察《かんさつ》していた男性《だんせい》は、スライム状《じょう》の液体《えきたい》が木《き》の枝《えだ》についていることに気《き》づいた。後日《ごじつ》同《おな》じ場所《ばしょ》に行《い》くと、液体《えきたい》の中《なか》からネッシーのように、首《くび》の長《なが》い生物《せいぶつ》の頭《あたま》が飛《と》び出《だ》していた。その後《ご》も男性《だんせい》は何度《なんど》かこの場所《ばしょ》に行《い》ったが、長《なが》い首《くび》を持《も》った生物《せいぶつ》も、スライム状《じょう》の液体《えきたい》もいつの間《ま》にか消《き》えてしまっていた。植物《しょくぶつ》の中《なか》に潜《ひそ》むネッシーのような生物《せいぶつ》だったのであろうか?

ナカザワ博士《はかせ》チェック
Dr.Nakazawa Check

植物《しょくぶつ》に擬態《ぎたい》して身《み》を守《まも》る昆虫《こんちゅう》はたくさんいるよね。UMAの中《なか》にも擬態能《ぎたいのう》力《りょく》を持《も》つものはきっといる!!

UMA NO. 09

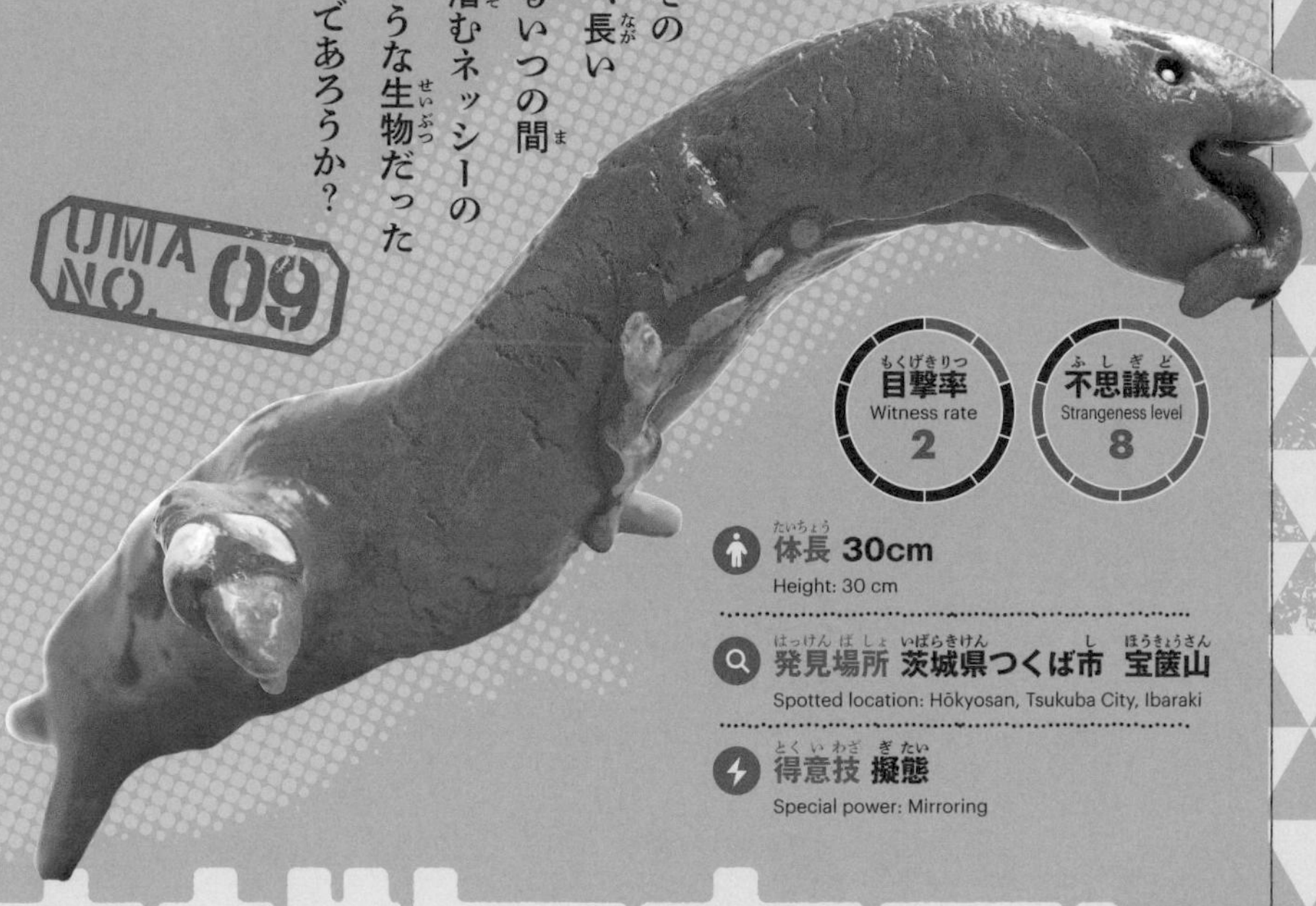

目撃率《もくげきりつ》 Witness rate 2

不思議度《ふしぎど》 Strangeness level 8

体長《たいちょう》 30cm
Height: 30 cm

発見場所《はっけんばしょ》 茨城県《いばらきけん》つくば市《し》 宝篋山《ほうきょうさん》
Spotted location: Hōkyosan, Tsukuba City, Ibaraki

得意技《とくいわざ》 擬態《ぎたい》
Special power: Mirroring

台湾代表《たいわんだいひょう》、いたずらマイスター！

モシナ

MOSINA

UMA NO. 10

体長《たいちょう》 1.5mくらい
Height: Around 1.5 meters

発見場所《はっけんばしょ》 台湾《たいわん》
Spotted location: Taiwan

好《す》きなもの いたずら
Likes: Pranking

目撃率《もくげきりつ》
Witness rate
7

迷惑度《めいわくど》
Trouble Maker level
8

ナカザワ博士《はかせ》チェック
Dr.Nakazawa Check

日本《にほん》の沖縄県《おきなわけん》に伝《つた》わるガジュマルの精霊《せいれい》キジムナーにも姿《すがた》が似《に》ている。沖《おき》縄《なわ》の妖怪《ようかい》と、台湾《たいわん》の妖怪《ようかい》の間《あいだ》で交流《こうりゅう》もあるのかな？

モシナ（魔神仔《モシナ》）は台湾《たいわん》では非常《ひじょう》に有名《ゆうめい》な妖《よう》怪《かい》。人間《にんげん》の子《こ》どもくらいの大《おお》きさで、赤《あか》い猿《さる》のような姿《すがた》をしている。赤《あか》い服《ふく》を着《き》た子《こ》どもがいると勘違《かんちが》いして近《ちか》づいてきた人間《にんげん》を沼《ぬま》に落《お》とすなどのいたずらをしてくる。ほかにも、道《みち》に迷《まよ》わせたり、人間《にんげん》をさらったりすることもある。とにかく迷惑《めいわく》な存在《そんざい》だ。空想上《くうそうじょう》の存在《そんざい》だと考《かんが》えられているが、近年《きんねん》になっても目撃者《もくげきしゃ》はいる。2014年《ねん》には、おばあさんを背負《せお》って森《もり》の中《なか》へ入《はい》っていくモシナが目撃《もくげき》された。おばあさんに怪我《けが》はなかったが、3㎞先《さき》まで運《はこ》ばれてしまい、家《いえ》に戻《もど》るのに大変苦労《たいへんくろう》したとのことだ。

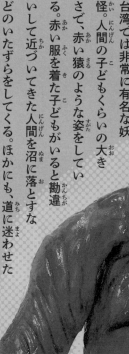

地元《じもと》の人気者《にんきもの》！
もう一度《いちど》、君《きみ》に会《あ》いたい

Local favorite!
Once you meet him, you'll want to again!

近《ちか》づくな!! 超《ちょう》危《き》険《けん》!!
ほんと危《き》険《けん》!!!
Caution!! Super dangerous!! Beware!!

ヒバゴン
HIBAGON
不思議《ふしぎ》＋獣人《じゅうじん》＝ヒバゴン

日本《にほん》で目撃《もくげき》されている獣人《じゅうじん》UMAではもっとも有名《ゆうめい》。1970年《ねん》～1974年《ねん》にかけて目《もく》撃《げき》があった。その後《ご》は目撃者《もくげきしゃ》もいないのだが、地元《じもと》では今《いま》もヒバゴンは大人気《だいにんき》。キーホルダーやタオル、お守《まも》りなどのグッズが作《つく》られていたり、ヒバゴン丼《どん》が食《た》べられる食堂《しょくどう》もある。お祭《まつ》りでは、ヒバゴン音頭《おんど》まで流《なが》れる。1980年《ねん》には、庄原市《しょうばらし》から数十《すうじゅっ》km離《はな》れた福山市《ふくやまし》山野町《やまのちょう》で「ヤマゴン」と呼《よ》ばれる獣人《じゅうじん》UMAが目撃《もくげき》された。ヤマゴンの正体《しょうたい》はヒバゴンだったのではないかともいわれている。1990年《ねん》代《だい》に修学旅行《しゅうがくりょこう》で広島《ひろしま》に行《い》った子《こ》どもが不思議《ふしぎ》な足跡《あしあと》を目撃《もくげき》したという話《はなし》もある。ヒバゴンは今《いま》も広島《ひろしま》にいるのだろうか？

ナカザワ博士《はかせ》チェック
Dr.Nakazawa Check

地元《じもと》では、ヒバゴンは卵《たまご》を産《う》むと考《かんが》えている人《ひと》もいるよ！ヒバゴンの卵《たまご》をイメージしたお饅頭《まんじゅう》も売《う》っているんだ。

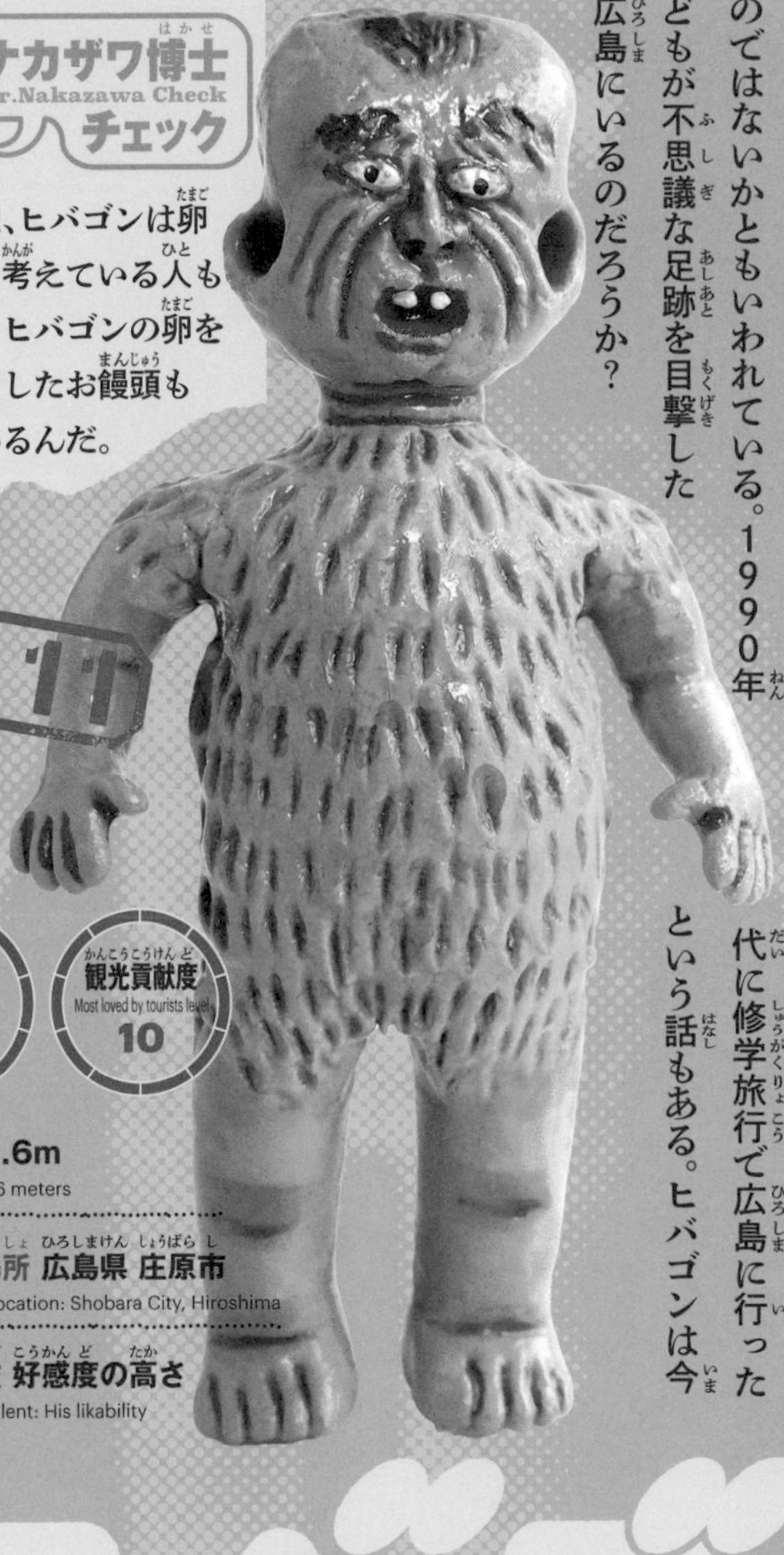

目撃率《もくげきりつ》 Witness rate 7

観光貢献度《かんこうこうけんど》 Most loved by tourists level 10

体長《たいちょう》 1.6m
Height: 1.6 meters

発見場所《はっけんばしょ》 広島県《ひろしまけん》 庄原市《しょうばらし》
Spotted location: Shobara City, Hiroshima

得意技《とくいわざ》 好感度《こうかんど》の高《たか》さ
Special talent: His likability

地中《ちちゅう》に潜《ひそ》む、死《し》を呼《よ》ぶ怪物《かいぶつ》!

モンゴリアン・デス・ワーム

MONGOLIAN DEATH WORM

体長《たいちょう》 45cm ~ 1.5m
Height: 45 cm ~ 1.5 meters

発見場所《はっけんばしょ》 モンゴル ゴビ砂漠《さばく》
Spotted location: Mongol, Gobi Desert

得意技《とくいわざ》 毒液攻撃《どくえきこうげき》、電流攻撃《でんりゅうこうげき》
Special power: Attacks with venom, and electricity

目撃率《もくげきりつ》
Witness rate
6

デンジャラス度《ど》
Dangerous level
10

ナカザワ博士《はかせ》チェック
Dr.Nakazawa Check

UMAを探《さが》しているボクも、このUMAだけは本当《ほんとう》に危険《きけん》だと思《おも》っている！見《み》つけても、なるべく距《きょ》離《り》を取《と》って、遠《とお》くから観《かん》察《さつ》しようね。

毒液《どくえき》と電流《でんりゅう》で敵《てき》を攻撃《こうげき》する戦闘力《せんとうりょく》の高《たか》いミミズのような姿《すがた》をした怪物《かいぶつ》。名前《なまえ》に「デス」の文《も》字《じ》が入《はい》っていることからも分《わ》かるように、多《おお》くの人間《にんげん》がこのＵＭＡに殺害《さつがい》されている。木《き》の枝《えだ》でモンゴリアン・デス・ワームをつついた男《おとこ》にも毒《どく》が回《まわ》り死《し》んでしまったという話《はなし》もある。直接《ちょくせつ》、その体《からだ》に触《ふ》れなくても伝染《でんせん》するほど強烈《きょうれつ》な毒《どく》を持《も》っている生物《せいぶつ》ということなのだろう。毒液《どくえき》も電流《でんりゅう》も周囲《しゅうい》１ｍほど近《ちか》づいた相手《あいて》には命中《めいちゅう》させることが出来《でき》るため、迂闊《うかつ》には近《ちか》づけない。捕獲《ほかく》を試《こころ》みたアメリカ軍《ぐん》が、モンゴリアン・デス・ワームの攻撃《こうげき》で撃退《げきたい》されてしまったという話《はなし》まで伝《つた》わっている。まさに、人間《にんげん》の常識《じょうしき》を超《こ》えた最強生物《さいきょうせいぶつ》だ。

01 UMA

未《み》確《かく》認《にん》生《せい》物《ぶつ》

UMA underwater

CHAPTER 2
水《すい》中《ちゅう》

たまには、
歩《ある》きたい気分《きぶん》にもなる

Sometimes we feel like walking.

春《はる》の陽気《ようき》にUMAも笑《わら》う
I smile when looking at the spring sun.

ネッシー

LOCH NESS MONSTER

永遠《えいえん》のミステリー！UMA界《かい》のアイドル

世界一《せかいいち》有名《ゆうめい》なUMA。ネス湖《こ》に怪物《かいぶつ》がいるという話《はなし》は700年代《ねんだい》頃《ごろ》から伝《つた》わっていた。1930年代《ねんだい》には陸地《りくち》を歩《ある》いているところを目撃《もくげき》されたこともあった。羊《ひつじ》を食《た》べていたこともあるらしい。1940年代《ねんだい》に入《はい》ると、陸上《りくじょう》での目撃《もくげき》はなくなる。水中《すいちゅう》カメラがネッシーの顔《かお》を撮影《さつえい》したこともあったが、頭部《とうぶ》には二本《にほん》の触角《しょっかく》が生《は》えていた。頭部《とうぶ》を湖《みずうみ》から出《だ》すことは少《すく》なく、背中《せなか》のコブらしき部分《ぶぶん》が目撃《もくげき》されることが多《おお》い。その正体《しょうたい》については、首長竜《くびながりゅう》の生《い》き残《のこ》り、オオウナギ、首《くび》の長《なが》い新種《しんしゅ》のアザラシ、大《おお》ダコ、宇宙人《うちゅうじん》のペット、恐竜《きょうりゅう》の幽霊《ゆうれい》など100以上《いじょう》もの仮説《かせつ》が出《だ》されているミステリアスなUMA。

ナカザワ博士《はかせ》チェック
Dr.Nakazawa Check

10m以上《いじょう》もある大《おお》きな体《からだ》の持《も》ち主《ぬし》なのに見《み》つからない。かくれんぼが世界《せかい》一得意《いちとくい》な生物《せいぶつ》なんだね！

目撃率《もくげきりつ》 Witness rate 10

スター度《ど》 Stardom level 10

体長《たいちょう》 3~17m
Height: 3 ~ 17 meters

発見場所《はっけんばしょ》 イギリス　スコットランド　ネス湖《こ》
Spotted location: Loch Ness, Scotland

好《す》きなもの 羊《ひつじ》
Likes: Sheep

心《こころ》優《やさ》しき湖《みずうみ》の使者《ししゃ》

オゴポゴ

OGOPOGO

目撃率《もくげきりつ》
Witness rate
9

優《やさ》しさ度《ど》
Kindness level
9

体長《たいちょう》 5～20m
Height: 5～20 meters

発見場所《はっけんばしょ》 カナダ ブリティッシュ・コロンビア州《しゅう》 オカナガン湖《こ》
Spotted location: Okanagan Lake, British Columbia, Canada

好《す》きなもの 音楽《おんがく》
Likes: Music

UMA NO. 14

ナカザワ博士《はかせ》チェック
Dr.Nakazawa Check

地元《じもと》では大変《たいへん》な人気者《にんきもの》で、オゴポゴをマスコットキャラにしているアイスホッケーのチームもあるんだ！

湖《みずうみ》で目撃《もくげき》される水棲獣《すいせいじゅう》UMAとしては、ネッシーに次《つ》いで有名《ゆうめい》。ネッシーのように首《くび》が長《なが》い姿《すがた》をしているわけではない。また泳《およ》ぎ方《かた》がクジラやイルカに似《に》ていることから、正体《しょうたい》は哺《ほ》乳類《にゅうるい》ではないかと考《かんが》えている人間《にんげん》が多《おお》い。オカナガン湖《こ》には、古代《こだい》のクジラの先祖《せんぞ》が生《い》き残《のこ》っているのかもしれない。オゴポゴの体《からだ》に直接《ちょくせつ》触《ふ》れた人物《じんぶつ》もいるが、おそわれるようなことはなかった。性格《せいかく》は温厚《おんこう》なUMAらしい。

1800年代頃《ねんだいごろ》から目撃《もくげき》されていたが、1924年《ねん》に作《つく》られた「オゴ・ポゴ：おかしなフォックス・トロット」という社交《しゃこう》ダンスの曲《きょく》を、オカナガン湖《こ》で目撃《もくげき》されていたUMAを紹介《しょうかい》する替《か》え歌《うた》にしたところ大流行《だいりゅうこう》。そこから、この名前《なまえ》で呼《よ》ばれるようになった。

ブタかな？ ウナギかな？
イールピッグです！

A Pig? An Eel? An Eel pig!

陸《りく》でも輝《かがや》く、ナウエリートスマイル

Nahuelito, his smile glistens on land!

UMAの中《なか》には正体《しょうたい》は巨大《きょだい》ウナギと考《かんが》えられているものも多《おお》い。アメリカのハリントン湖《こ》では4・5mの巨大《きょだい》ウナギの目撃談《もくげきだん》があるが、驚《おどろ》くべきことに頭部《とうぶ》はブタそっくりである。魚類《ぎょるい》と哺乳類《ほにゅうるい》の特徴《とくちょう》をあわせ持《も》った不《ふ》思議《しぎ》な生物《せいぶつ》だ。そんな生物《せいぶつ》がいるとは信《しん》じられない人間《にんげん》もいるだろう。だけど、生物《せいぶつ》には「収斂進化《しゅうれんしんか》」をするものがいる。哺乳類《ほにゅうるい》も爬虫類《はちゅうるい》も魚類《ぎょるい》も、地球《ちきゅう》で生《い》きていくうえで、環《かん》境《きょう》に合《あ》わせて同《おな》じような形状《けいじょう》や能力《のうりょく》を持《も》つように進化《しんか》することがあるんだ。イルカやクジラも魚《さかな》のように見《み》えるけど哺乳類《ほにゅうるい》だ。イールピッグも、魚類《ぎょるい》と哺乳類《ほにゅうるい》が収斂進化《しゅうれんしんか》した生物《せいぶつ》である可能性《かのうせい》が考《かんが》えられる。

ナカザワ博士《はかせ》チェック
Dr.Nakazawa Check

哺乳類《ほにゅうるい》でありながら卵《たまご》を産《う》むカモノハシだっている。ウナギとブタの特徴《とくちょう》をもった生《い》き物《もの》がいても変《へん》じゃない！

目撃率《もくげきりつ》 Witness rate 2

不思議進化度《ふしぎしんかど》 Mysterious evolution level 10

体長《たいちょう》 4.5m
Height: 4.5 meters

発見場所《はっけんばしょ》 アメリカ ハリントン湖《こ》
Spotted location: Herrington Lake, U.S.A.

得意技《とくいわざ》 水泳《すいえい》
Special talent: Swimming

UMA No.15

イールピッグ
EEL PIG

環境適応能力《かんきょうてきおうのうりょく》はUMA界《かい》No.1《ナンバーワン》

アルゼンチン代表《だいひょう》。お札《さつ》になったエリート!

ナウエリート
NAHUELITO

正体《しょうたい》については、プレシオサウルスやクジラの先祖《せんぞ》バシロサウルスではないかといわれているUMA。1900年代《ねんだい》はじめ頃《ごろ》から目撃《もくげき》されることが増《ふ》えてきて、ネッシーよりも早《はや》く本格的《ほんかくてき》な科学調査《かがくちょうさ》も行《おこな》われたが、いまだに正体《しょうたい》は分《わ》からない。2000年代以降《ねんだいいこう》は、鮮明《せんめい》な写真《しゃしん》が撮影《さつえい》されることも多《おお》くなった。アルゼンチンで流《りゅう》通《つう》していた旧《きゅう》1ペソ紙幣《しへい》にはナウエリートの絵《え》が描《えが》かれていたこともある。お札《さつ》のデザインに使《つか》われたUMAはナウエリートだけ。まさに国民的《こくみんてき》UMAといえるだろう。日本《にほん》のお札《さつ》にもツチノコを描《か》いてほしい。

ナカザワ博士《はかせ》チェック
Dr.Nakazawa Check

鮮明《せんめい》なナウエリートの写《しゃ》真《しん》は、匿名《とくめい》で新聞社《しんぶんしゃ》に送《おく》られてきたもの。そのためくわしい情報《じょうほう》は不明《ふめい》なんだ! 撮影者《さつえいしゃ》の人《ひと》には名《な》乗《の》り出《で》てもらって、くわしく話《はなし》を聞《き》かせてほしいよね。

体長 4.5～10m
Height: 4.5～10 meters

発見場所《はっけんばしょ》 アルゼンチン ナウエル・ウアピ湖《こ》
Spotted location: Lake Nahuel Huapi, Argentina

得意技《とくいわざ》 すばやく泳《およ》ぐ
Special talent : Can swim very fast

目撃率《もくげきりつ》
Witness rate
7

故郷《こきょう》での知名度《ちめいど》
Famousness in hometown level
10

でかいウナギ、それは怪獣《かいじゅう》

Super big eel monster!

神出鬼没《しんしゅつきぼつ》！
あなたの町《まち》にも舞《ま》い降《お》りる？

If you're lucky, he might come down to your town!?

イッシー
ISSIE
池田湖《いけだこ》のジェントルマン

体長《たいちょう》 10～20m
Height: 10～20 meters

発見場所《はっけんばしょ》 鹿児島県《かごしまけん》 池田湖《いけだこ》
Spotted location: Lake Ikeda, Kagoshima

好《す》きなもの 小魚《こざかな》
Likes: Small fish

目撃率《もくげきりつ》 Witness rate 9

スター度《ど》 Stardom level 9

ナカザワ博士《はかせ》チェック
Dr.Nakazawa Check

池田湖《いけだこ》は5500年前《ねんまえ》くらいに出来《でき》た湖《みずうみ》なので恐竜《きょうりゅう》時代《じだい》の生物《せいぶつ》が生息《せいそく》している可能性《かのうせい》は低《ひく》い！ やはり、正体《しょうたい》は怪獣《かいじゅう》サイズのオオウナギ!?

日本《にほん》の湖《みずうみ》で目撃《もくげき》されているUMAの中《なか》でも、特《とく》に有名《ゆうめい》なのがイッシーだ。池田湖《いけだこ》では体長《たいちょう》2m、胴回《どうまわ》り50㎝というオオウナギも捕獲《ほかく》されているため、イッシーの正体《しょうたい》も超巨大《ちょうきょだい》ウナギなのではと考《かんが》えている人間《にんげん》が多《おお》い。オオウナギのほかにも、大型生物《おおがたせいぶつ》はたくさん生息《せいそく》している湖《みずうみ》なので、イッシーも実在《じつざい》する可《か》能性《のうせい》は非常《ひじょう》に高《たか》い。地元《じもと》では「イッシー対策特別《たいさくとくべつ》委員会《いいんかい》」や「イッシー特捜隊《とくそうたい》」など、イッシーを発《はっ》見《けん》するためのチームもいくつか作《つく》られた。

目撃者《もくげきしゃ》多数《たすう》!! 屈斜路湖《くっしゃろこ》の魔物《まもの》

クッシー

KUSSIE

イッシーと並《なら》んで、日本《にほん》の湖《みずうみ》で目撃《もくげき》されるUMAの中《なか》では特《とく》に有名《ゆうめい》である。遠足《えんそく》に来《き》ていた中学生《ちゅうがくせい》たちや、観光《かんこう》ツアーに参加《さんか》していたお客《きゃく》さん全員《ぜんいん》が目《もく》撃《げき》するなど、たくさんの人間《にんげん》が同時《どうじ》にクッシーを見《み》たこともある。多《おお》くの人間《にんげん》が見《み》ているので屈斜路湖《くっしゃろこ》に何《なに》かがいるのは間違《まちが》いないだろう。ただし、目撃《もくげき》されたのは体《からだ》の一部《いちぶ》だけだったので正体《しょうたい》についてはよく分《わ》からない。クッシーをおびき寄《よ》せようとイカ、イモ、野菜《やさい》が屈斜路湖《くっしゃろこ》にしかけられたこともあったが、イカだけが食《た》べられた。

ナカザワ博士《はかせ》チェック
Dr.Nakazawa Check

羽根《はね》のようなものが生《は》えているクッシーが目撃《もくげき》されたことも1度《ど》だけあったんだ。クッシーは飛《と》べるのかな!?

UMA NO. 18

目撃率《もくげきりつ》 Witness rate 9

スター度《ど》 Stardom level 9

体長《たいちょう》 5~15m
Height: 5～15 meters

発見場所《はっけんばしょ》 北海道《ほっかいどう》弟子屈町《てしかがちょう》　屈斜路湖《くっしゃろこ》
Spotted location: Lake Kussharo, Teshikaga Town, Hokkaido

好《す》きなもの イカ
Likes: Squid

挑戦者《ちょうせんしゃ》、求《もと》む

Anyone willing to challenge me?

キミに会《あ》いたかった……

Hello... I've been wanting to meet you...

千葉県《ちばけん》の印旛沼《いんばぬま》で目撃《もくげき》された2m以上《いじょう》もある巨大《きょだい》な亀《かめ》。ほかの生物《せいぶつ》が近寄《ちかよ》ると、すぐに噛《か》みついてくるらしいので注意《ちゅうい》が必要《ひつよう》だ。2000年代前半《ねんだいぜんはん》にはこの巨大《きょだい》亀《がめ》と格闘《かくとう》した若者《わかもの》たちがいたらしく、名前《なまえ》も彼《かれ》らがつけた。印旛沼周辺《いんばぬましゅうへん》では特定外来生物《とくていがいらいせいぶつ》のカミツキガメも生息《せいそく》しており、地元《じもと》では注意《ちゅうい》を呼《よ》びかけている。カミツキガメとジャイアント・デビル・スナッパーの激《はげ》しい戦《たたか》いが沼《ぬま》では繰《く》り広《ひろ》げられているのかもしれない。

ナカザワ博士《はかせ》チェック
Dr.Nakazawa Check

印旛沼《いんばぬま》では江戸時代《えどじだい》から怪獣《かいじゅう》が出現《しゅつげん》したという記録《きろく》が伝《つた》わっていたんだ！巨大《きょだい》な猿《さる》のような怪獣《かいじゅう》や、龍《りゅう》も目撃《もくげき》されている。怪獣《かいじゅう》がたくさんいる沼《ぬま》なんだね！

目撃率《もくげきりつ》 Witness rate 2
デンジャラス度《ど》 Dangerous level 8

体長《たいちょう》 2m 以上《いじょう》
Height: More than 2 meters

発見場所《はっけんばしょ》 千葉県《ちばけん》 印旛沼《いんばぬま》
Spotted location: Inba-numa, Chiba

得意技《とくいわざ》 噛《か》みつき攻撃《こうげき》
Special power: Has a mean bite

ジャイアント・デビル・スナッパー

GIANT DEVIL SNAPPER

近《ちか》づく者《もの》を狙《ねら》う！巨大生物《きょだいせいぶつ》

野生《やせい》のゼリー発見《はっけん》！

オジャッシー

OJYASSIE

体長《たいちょう》 30cm～3m
Height: 30 cm ~ 3 meters

発見場所《はっけんばしょ》 千葉県《ちばけん》 雄蛇ヶ池《おじゃがいけ》
Spotted location: Ojaga-ike, Chiba

好《す》きなもの 水中《すいちゅう》の有機物片《ゆうきぶつへん》や微生物《びせいぶつ》
Likes: Organic debris and microorganisms in water

ナカザワ博士《はかせ》チェック Dr.Nakazawa Check

このUMAの正体《しょうたい》はオオマリコケムシだといわれている。コケムシは群《む》れで固《かた》まるので巨大生物《きょだいせいぶつ》のように見《み》えてしまう場合《ばあい》があるんだ。

1981年《ねん》の夏《なつ》、雄蛇ヶ池《おじゃがいけ》でぶよぶよしたゼリー状《じょう》の体《からだ》を持《も》つ怪物《かいぶつ》が目撃《もくげき》された。雄蛇ヶ池《おじゃがいけ》には多《おお》くの魚《さかな》が生息《せいそく》しているため、昼《ひる》は釣《つ》り人《びと》も多《おお》い。この辺《あた》りは心霊《しんれい》スポットとしても有名《ゆうめい》で、夜《よる》になると肝試《きもだめ》し目的《もくてき》の人間《にんげん》もやって来《く》る。昼《ひる》も夜《よる》も人間《にんげん》を集《あつ》める池《いけ》に潜《ひそ》むオジャッシーは目撃者《もくげきしゃ》も多《おお》かったが、魚《さかな》や幽《ゆう》霊《れい》が目的《もくてき》の人間《にんげん》には「ぶよぶよした気色悪《きしょくわる》いものが池《いけ》にいるぞ」と思《おも》われるだけで、人気者《にんきもの》にはなれなかった。

目撃率《もくげきりつ》 Witness rate 8

不気味度《ぶきみど》 Creepiness level 7

川《かわ》でも海《うみ》でも水《みず》のあるとこ、
河童《かっぱ》の住処《すみか》！
キミのおウチのお風呂場《ふろば》も？

Wherever there is water, whether it's a river
or the sea, there lives a Kappa!
Perhaps even in your bathroom?

ニンゲンは、
人間《にんげん》の側《そば》にいるよ
Ningen is on the side of humans.

日本一《にほんいち》メジャーな妖怪《ようかい》である河童《かっぱ》。多《おお》くの人間《にんげん》が空想上《くうそうじょう》の存在《そんざい》だと考《かんが》えているが、実際《じっさい》に目撃《もくげき》した人々《ひとびと》も多《おお》く、UMAとしても扱《あつか》われている。頭《あたま》に皿《さら》、背中《せなか》に甲羅《こうら》などがある姿《すがた》の河童《かっぱ》が目撃《もくげき》されることもあるが、皿《さら》や甲羅《こうら》のない河童《かっぱ》の目撃談《もくげきだん》も多《おお》い。おそらく多《おお》くの日本人《にほんじん》は、川《かわ》で人型《ひとがた》のよく分《わ》からない生物《せいぶつ》を目撃《もくげき》したら「河童《かっぱ》だ」と思《おも》ってしまうのだろう。宇宙人《うちゅうじん》が河童《かっぱ》の正体《しょうたい》であると考《かんが》えている研《けん》究者《きゅうしゃ》も多《おお》い。人間《にんげん》のお尻《しり》から尻子玉《しりこだま》を取《と》るなど恐《おそ》ろしい話《はなし》も伝《つた》わる一方《いっぽう》で、工事《こうじ》の手《て》伝《つだ》いをしてくれたり、人々《ひとびと》を助《たす》けてくれた話《はなし》も多《おお》い。河童《かっぱ》のミイラも日本中《にほんじゅう》に残《のこ》っている。

ナカザワ博士《はかせ》チェック
Dr.Nakazawa Check

河童《かっぱ》が好《す》きな食《た》べものはきゅうり、好《す》きな遊《あそ》びは相撲《すもう》。ボクは川辺《かわべ》で相撲《すもう》をしてみたり、きゅうりを食《た》べたりして、河童《かっぱ》をさそい寄《よ》せようとしてみたことがあるよ！

UMA NO. 21

目撃率《もくげきりつ》 Witness rate 10

メジャー度《ど》 Famous level 10

体長《たいちょう》 1.3m くらい
Height: Around 1.3 meters

発見場所《はっけんばしょ》 日本全国《にほんぜんこく》
Spotted Location: All around Japan

好《す》きなもの きゅうり
Likes: Cucumbers

河童《かっぱ》
KAPPA

河童《かっぱ》は日本《にほん》の宝《たから》です

世界《せかい》がキミに注目《ちゅうもく》!
ニンゲン
NINGEN

体長《たいちょう》 10～40m
Height: 10～40 meters

発見場所《はっけんばしょ》 南極《なんきょく》
Spotted location: Antarctica

得意技《とくいわざ》 テレパシー
Special power: Telepathy

ナカザワ博士《はかせ》チェック
Dr.Nakazawa Check

巨人《きょじん》の伝説《でんせつ》も世界中《せかいじゅう》にある。ニンゲンも大昔《おおむかし》から存在《そんざい》した巨人《きょじん》の一種《いっしゅ》なのかもしれないぞ！

目撃率《もくげきりつ》 Witness rate 5

異形度《いけいど》 Odd Shape level 10

数十《すうじゅう》mの大《おお》きさがあり、全身《ぜんしん》は真《ま》っ白《しろ》の人型《ひとがた》の生物《せいぶつ》が南極《なんきょく》の海《うみ》で目撃《もくげき》された。目撃者《もくげきしゃ》の中《なか》にはニンゲンからテレパシーでメッセージを受《う》け取《と》ったと語《かた》る者《もの》もいて、知能《ちのう》も高《たか》いようだ。撮影者《さつえいしゃ》は不明《ふめい》だが、写真《しゃしん》も多《おお》く残《のこ》されている。南極《なんきょく》のUMAだと考《かんが》えられていたが、ニンゲンが話題《わだい》になった後《あと》は、世界中《せかいじゅう》で「これもニンゲンの出現《しゅつげん》を記録《きろく》したものだったのでは?」と大昔《おおむかし》の記録《きろく》に注目《ちゅうもく》が集《あつ》まった。平安時代《へいあんじだい》には、茨城県《いばらきけん》にある大洗海岸《おおあらいかいがん》にも15mほどの全身《ぜんしん》が白《しろ》い人型生物《ひとがたせいぶつ》の死体《したい》が漂着《ひょうちゃく》したことがあったようだ。

ワンワン！
海《うみ》の底《そこ》から聞《き》こえてくるよ……

Woof Woof! I can hear
your barking from the ocean...

イナッシー、大地《だいち》に立《た》つ!!

Inassie will stand on this earth!

江戸時代《えどじだい》に記《しる》された古《ふる》い書物《しょもつ》のなかに、高知県《こうちけん》や和歌山県《わかやまけん》の海《うみ》で目撃《もくげき》されていた不思議《ふしぎ》な生物《せいぶつ》の話《はなし》が記録《きろく》されている。高知《こうち》の海《うみ》では、姿《すがた》を見《み》た者《もの》は少《すく》ないが、舟《ふね》の舳先《へさき》に犬《いぬ》が噛《か》んだような跡《あと》がついているのが時々《ときどき》発見《はっけん》されていた。それこそが海犬《うみいぬ》の仕業《しわざ》であると伝《つた》わっている。和歌山県《わかやまけん》に伝《つた》わる海犬《うみいぬ》は、死《し》んだ子《こ》どもの魂《たましい》が集《あつ》まって出来《でき》た犬《いぬ》だといわれていた。妖怪伝説《ようかいでんせつ》の類《たぐい》かとも考《かんが》えられていたが、2000年代以降《ねんだいいこう》になっても、海《うみ》を泳《およ》ぐ犬《いぬ》のような生物《せいぶつ》は実際《じっさい》に目撃《もくげき》されている。

ナカザワ博士《はかせ》チェック

Dr.Nakazawa Check

妖怪《ようかい》の話《はなし》＝作《つく》り話《ばなし》と考《かんが》えてしまう人間《にんげん》は多《おお》いけど、舟《ふね》の舳先《へさき》に生物《せいぶつ》の噛《か》んだ跡《あと》が残《のこ》っていたという話《はなし》はリアルな証言《しょうげん》だと思《おも》う!!

目撃率《もくげきりつ》 Witness rate 5

ミステリアス度《ど》 Mysterious Level 8

体長《たいちょう》 1.5m
Height: 1.5 meters

発見場所《はっけんばしょ》 高知県《こうちけん》や和歌山県《わかやまけん》の海《うみ》
Spotted location: The sea of Kochi and Wakayama

得意技《とくいわざ》 犬《いぬ》かき
Special talent: Doggy paddle

海《うみ》犬《いぬ》

SEA DOG

犬《いぬ》ではない海犬《うみいぬ》だ!

観光大使系《かんこうたいしけい》UMA

イナッシー

INASSIE

体長《たいちょう》 12m
Height: 12 meters

発見場所《はっけんばしょ》 福島県《ふくしまけん》 猪苗代湖《いなわしろこ》
Spotted location: Lake Inawashiro, Fukushima

得意技《とくいわざ》 流行《りゅうこう》に敏感《びんかん》
Special talent: Has great taste and keeps up with the current trends.

目撃率《もくげきりつ》 Witness rate 3

レア度《ど》 Rare level 10

UMA NO. 24

ナカザワ博士《はかせ》チェック
Dr.Nakazawa Check

猪苗代湖《いなわしろこ》には巨大《きょだい》な亀《かめ》にまつわる伝説《でんせつ》が残《のこ》されていて、近《ちか》くの神社《じんじゃ》には大《おお》きな亀《かめ》の石像《せきぞう》もあるんだ。イナッシーはやはり巨大《きょだい》な亀《かめ》!?

1990年代《ねんだい》、福島県《ふくしまけん》の猪苗代湖《いなわしろこ》で目撃《もくげき》されたUMA。この頃《ころ》、日本《にほん》ではUMAブームが起《お》きており、各地《かくち》の湖《みずうみ》で巨大生物《きょだいせいぶつ》が目撃《もくげき》されていて、テレビや雑誌《ざっし》で紹介《しょうかい》されることも多《おお》かった。流行《りゅうこう》に合《あ》わせたようなタイミングで出現《しゅつげん》したことで、地元《じもと》の人々《ひとびと》からも喜《よろこ》ばれて、キーホルダーやカードなど多《おお》くのイナッシーグッズが作《つく》られた。正《しょう》体《たい》としては、プレシオサウルスの生《い》き残《のこ》り説《せつ》、巨大《きょだい》な亀説《かめせつ》などがあげられた。

大地《だいち》を歩《ある》くトレーニング!!
Currently training to walk on the ground!

こう見《み》えて、泳《およ》ぎは得意《とくい》なんです

Don't be fooled by my looks…
I'm actually good at swimming.

富士《ふじ》五湖《ごこ》は、すべての湖《みずうみ》にUMAがいる。山中湖《やまなかこ》にはヤッシー、精進湖《しょうじこ》にはショッシー、西湖《さいこ》にはサッシー（サイポゴと呼《よ》ばれることもある）、河口湖《かわぐちこ》には0・5畳《じょう》サイズの大亀《おおがめ》がいる。そして、富士五湖《ふじごこ》でもっとも有名《ゆうめい》なUMAが本栖湖《もとすこ》のモッシーだ。目撃《もくげき》した人間《にんげん》の話《はなし》では3〜10mサイズの巨大《きょだい》魚《ぎょ》のようだが、現地《げんち》で売《う》られているモッシーグッズは、プレシオサウルスそっくりのデザインで作《つく》られている。一説《いっせつ》によると、富士五湖《ふじごこ》は地《ち》下《か》で繋《つな》がっていて五種類《ごしゅるい》のUMAの間《あいだ》では交流《こうりゅう》もあるらしい。

ナカザワ博士《はかせ》チェック
Dr.Nakazawa Check

1987年《ねん》には30mサイズの超巨大《ちょうきょだい》モッシーも目撃《もくげき》されている。ワニのようなゴツゴツした背中《せなか》を持《も》つ生《い》き物《もの》だったらしい。とっても強《つよ》そうだ！

- **体長《たいちょう》** 3〜10m
  Height: 3～10 meters
- **発見場所《はっけんばしょ》** 山梨県《やまなしけん》 本栖湖《もとすこ》
  Spotted location: Lake Motosuko, Yamanashi
- **好《す》きなもの** 仲間《なかま》
  Likes : Friends

目撃率《もくげきりつ》 Witness rate **6**

ミステリアス度《ど》 Mysterious Level **7**

モッシー
MOSSIE
でっかい魚《さかな》のUMAです!

恐竜時代《きょうりゅうじだい》の生《い》き証人《しょうにん》

ムビエル・ムビエル・ムビエル

MBIELU MBIELU MBIELU

体長《たいちょう》 7m
Height: 7 meters

発見場所《はっけんばしょ》 中部《ちゅうぶ》アフリカ コンゴ共和国《きょうわこく》
Spotted location: Central Africa, Republic of Congo

得意技《とくいわざ》 潜水泳法《せんすいえいほう》
Special talent: Diving

目撃率《もくげきりつ》
Witness rate
3

ミステリアス度《ど》
Mysterious Level
10

ナカザワ博士《はかせ》チェック
Dr.Nakazawa Check

ステゴサウルスは陸地《りくち》で生活《せいかつ》する恐竜《きょうりゅう》だったけど、長《なが》い時《とき》をかけて、水中《すいちゅう》で生活《せいかつ》するように進化《しんか》したのかもしれない!!

コンゴの川《かわ》で目撃《もくげき》されている巨大《きょだい》な未確認生物《みかくにんせいぶつ》ムビエル・ムビエル・ムビエルは、恐竜《きょうりゅう》ステゴサウルスの背中《せなか》に生《は》えているものにそっくりな背板《せいた》を生《は》やしている。目撃《もくげき》されたのは背中《せなか》の部分《ぶぶん》だけで全身《ぜんしん》を見《み》た人《にん》間《げん》はいないのだが、ステゴサウルスの生《い》き残《のこ》りがコンゴに生息《せいそく》していると考《かんが》えられた。ただし、ステゴサウルスは基本的《きほんてき》には陸上《りくじょう》で生活《せいかつ》する恐《きょう》竜《りゅう》だ。ステゴサウルスに似《に》た特《とく》徴《ちょう》を持《も》つ新種《しんしゅ》の水棲生物《すいせいせいぶつ》の可能《かのう》性《せい》も考《かんが》えるべきだろう。現存《げんそん》の生物《せいぶつ》ではステゴサウルスのような背板《せいた》を持《も》つものはいないので、正体《しょうたい》が何《なん》であれ珍《めずら》しい生物《せいぶつ》だ。

見《み》た目《め》は違《ちが》っていても、
みんな友達《ともだち》

We may look different,
but we are all friends.

ガー、ガー
（日《に》本《ほん》のみなさん、はじめまして）

Quack, Quack! Nice to meet you Japan.

ウシジナー

USHIJINA

牛久沼《うしくぬま》に潜《ひそ》むゆかいなやつら

牛久沼《うしくぬま》には河童《かっぱ》の伝説《でんせつ》が残《のこ》る。現在《げんざい》でも目撃《もくげき》者《しゃ》は多《おお》い。だが、この沼《ぬま》に潜《ひそ》んでいるのは河童《かっぱ》だけではない。2000年代《ねんだい》には全身《ぜんしん》が赤《あか》い毛《け》に覆《おお》われた人間《にんげん》の子《こ》どもサイズの怪物《かいぶつ》も目撃《もくげき》されて、ウシジナーと名《な》づけられた。この生物《せいぶつ》は人間《にんげん》に目撃《もくげき》されると、すぐに沼《ぬま》に沈《しず》んで姿《すがた》をかくしてしまった。河童《かっぱ》に比《くら》べても目撃件数《もくげきけんすう》は少《すく》なく、人間《にんげん》に目撃《もくげき》されることを恐《おそ》れている可能性《かのうせい》が高《たか》い。なお、牛久《うしく》の河童《かっぱ》は緑色《みどりいろ》の肌《はだ》をしているが、岩手県遠野市《いわてけんとおのし》に伝《つた》わる河童《かっぱ》の色《いろ》は赤《あか》い。ウシジナーも河童《かっぱ》の一種《いっしゅ》なのであろうか？

ナカザワ博士《はかせ》チェック
Dr.Nakazawa Check

日本《にほん》には、全身《ぜんしん》が赤《あか》い河《かっ》童《ぱ》の話《はなし》が伝《つた》わっている場《ば》所《しょ》もある。やはり、ウシジナーと河童《かっぱ》には何《なん》らかの関係《かんけい》はありそうだ！

目撃率《もくげきりつ》 Witness rate 3

人見知《ひとみし》り度《ど》 Shyness level 8

体長《たいちょう》 1m
Height: 1 meter

発見場所《はっけんばしょ》 茨城県《いばらきけん》 牛久沼《うしくぬま》
Spotted location: Ushiku-numa, Ibaraki

得意技《とくいわざ》 水泳《すいえい》
Special talent: Swimming

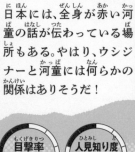

愛《あい》すべき恐竜《きょうりゅう》の生《い》き残《のこ》り

スクリュー尾《お》のガー助《すけ》

FLATHEAD LAKE MONSTER

フラットヘッド湖《こ》では、ネッシーのような首長竜《くびながりゅう》タイプの生物《せいぶつ》も目撃《もくげき》されているが、それとは別《べつ》に、カモノハシ竜《りゅう》の仲間《なかま》コリトサウルスそっくりの巨大生物《きょだいせいぶつ》の写真《しゃしん》も撮影《さつえい》された。カモノハシ竜《りゅう》は草食《そうしょく》なので、性質《せいしつ》もおとなしいと思《おも》われる。ガー助《すけ》という名前《なまえ》は日本《にほん》でつけられたもので、「ガー、ガー」という鳴《な》き声《ごえ》が由来《ゆらい》である。地元《じもと》のアメリカでは「ハーキンマー」や「モンタナ・ネッシー」といった名称《めいしょう》で呼《よ》ばれている。ガー助《すけ》という親《した》しみやすい名前《なまえ》の効果《こうか》もあり、現地以上《げんちいじょう》に日本《にほん》で愛《あい》されているUMAだ。

ナカザワ博士《はかせ》チェック
Dr.Nakazawa Check

ガー助《すけ》は尻尾《しっぽ》を船《ふね》のスクリューのように回転《かいてん》させて、すばやく泳《およ》ぐことが出来《でき》るんだ!!

目撃率《もくげきりつ》 Witness rate 4

ひょうきん度《ど》 Funny level 8

体長《たいちょう》 8m
Height: 8 meters

発見場所《はっけんばしょ》 アメリカ モンタナ州《しゅう》 フラットヘッド湖《こ》
Spotted location: Flathead Lake, Montana, U.S.A.

得意技《とくいわざ》 カワイイ声《こえ》で鳴《な》く
Special power: Makes cute sounds

UMA NO. 28

UMA in the sky

のUMA

未《み》確《かく》認《にん》生《せい》物《ぶつ》

CHAPTER
3
空《そら》

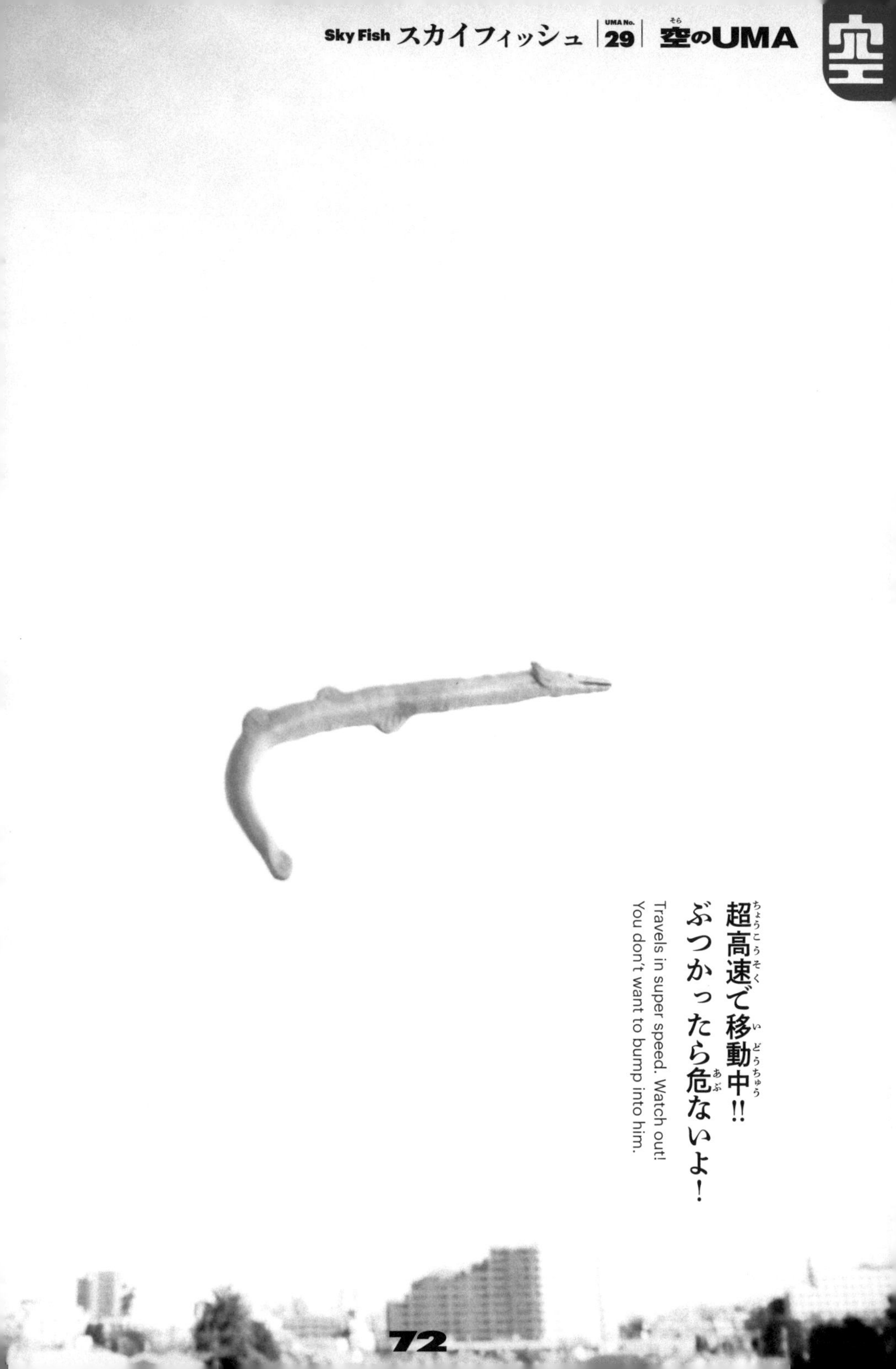

超高速《ちょうこうそく》で移動中《いどうちゅう》!!
ぶつかったら危《あぶ》ないよ！

Travels in super speed. Watch out!
You don't want to bump into him.

時《とき》に大胆《だいたん》、闇夜《やみよ》の怪物《かいぶつ》

Sometimes becomes a monster in the dark.

細長《ほそなが》い棒《ぼう》に魚《さかな》のヒレのようなものがついた形状《けいじょう》のUMA。非常《ひじょう》に高速《こうそく》で飛《と》び回《まわ》っているため、肉眼《にくがん》で見《み》ることは難《むずか》しい。撮影《さつえい》した映像《えいぞう》をスローで再生《さいせい》させたときに、初《はじ》めて姿《すがた》が確認《かくにん》できる。壁《かべ》をすり抜《ぬ》ける力《ちから》を持《も》っているのか、室内《しつない》で撮影《さつえい》された映像《えいぞう》にも写《うつ》っていることが多《おお》い。日本《にほん》にも棲息《せいそく》しており、六甲山《ろっこうさん》にはスカイフィッシュの巣《す》があるといわれている。最初《さいしょ》に発見《はっけん》したのはアメリカのUFO《ユーフォー》研究家《けんきゅうか》で、ロッド（空飛《そらと》ぶ棒《ぼう》）と呼《よ》んでいた。当初《とうしょ》はUMAではなく、UFO《ユーフォー》（未確認《みかくにん》飛行物体《ひこうぶったい》）として考《かんが》えられていたのだ。

ナカザワ博士《はかせ》チェック

Dr.Nakazawa Check

ボクの知《し》り合《あ》いの動物《どうぶつ》研究家《けんきゅうか》は、鷹《たか》にスカイフィッシュを捕《つか》まえさせたことがあるんだ。超高速《ちょうこうそく》で飛《と》ぶスカイフィッシュもすごいけど、それを捕《つか》まえた鷹《たか》もすごい!!

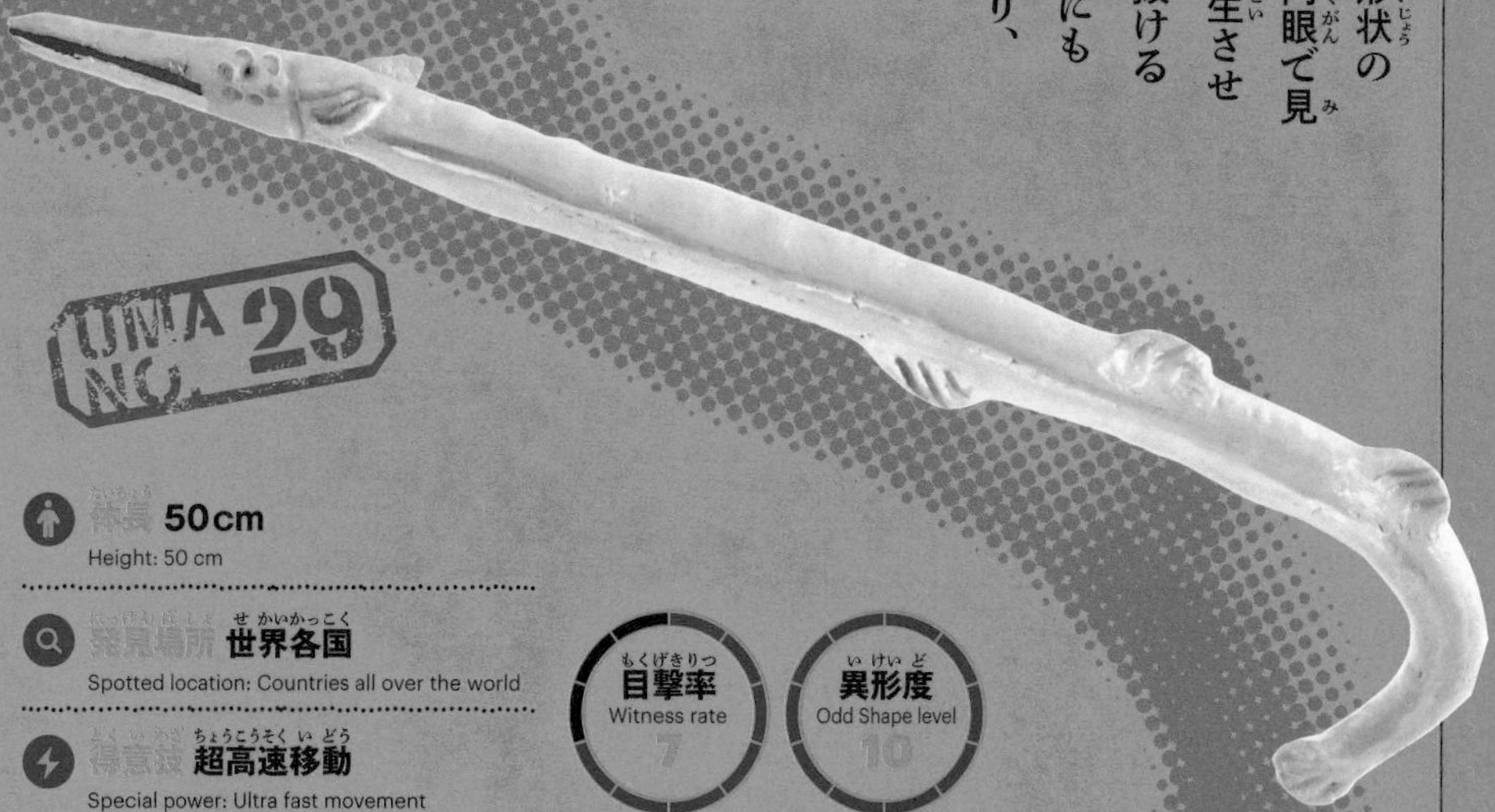

UMA No. 29

体長 **50cm**
Height: 50 cm

発見場所 **世界各国《せかいかっこく》**
Spotted location: Countries all over the world

得意技 **超高速移動《ちょうこうそくいどう》**
Special power: Ultra fast movement

目撃率《もくげきりつ》
Witness rate
7

異形度《いけいど》
Odd Shape level
10

スカイフィッシュ
SKY FISH

UMA界最速《かいさいそく》!

意思《いし》を持《も》つ翼《つばさ》!!

体長 1.7mくらい
Height: Around 1.7 meters

発見場所 イギリス
Spotted location: England

発光能力《はっこうのうりょく》
Special power: Creating light

目撃率《もくげきりつ》
Witness rate
1

レア度《ど》
Rare level
10

1963年《ねん》に、イギリスのケント州《しゅう》ハイスのサンドリング公園《こうえん》で「頭《あたま》がなくコウモリのような翼《つばさ》を生《は》やした人間《にんげん》くらいの大《おお》きさの生物《せいぶつ》」が、全身《ぜんしん》を発《はっ》光《こう》させながら飛《と》んでいるのが目撃《もくげき》された。かなり目立《めだ》つ姿《すがた》をしているが、同《おな》じような生物《せいぶつ》がその後目撃《ごもくげき》されることは無《な》かった。アメリカで目撃《もくげき》されているUMA「モスマン」とシルエットが似《に》ているので、同種《どうしゅ》の存在《そんざい》ではないかと考《かんが》える者《もの》もいる。また全身《ぜんしん》を発光《はっこう》させて飛行《ひこう》するUMAとしては、パプアニューギニアで目撃《もくげき》されている「ローペン」もいる。ローペンの正体《しょうたい》は翼竜《よくりゅう》の生《い》き残《のこ》りといわれているが、シャイニングバットも恐竜《きょうりゅう》の生《い》き残《のこ》りかもしれない。

ナカザワ博士《はかせ》チェック

UMAの中《なか》にはたった一《いち》度《ど》しか目撃《もくげき》されていないものも多《おお》いんだ！ 恥《は》ずかしがり屋《や》なのかな？ もっと、ボクたちの前《まえ》に姿《すがた》を見《み》せてほしいよね！

飛《と》んで、出勤《しゅっきん》

I fly to work.

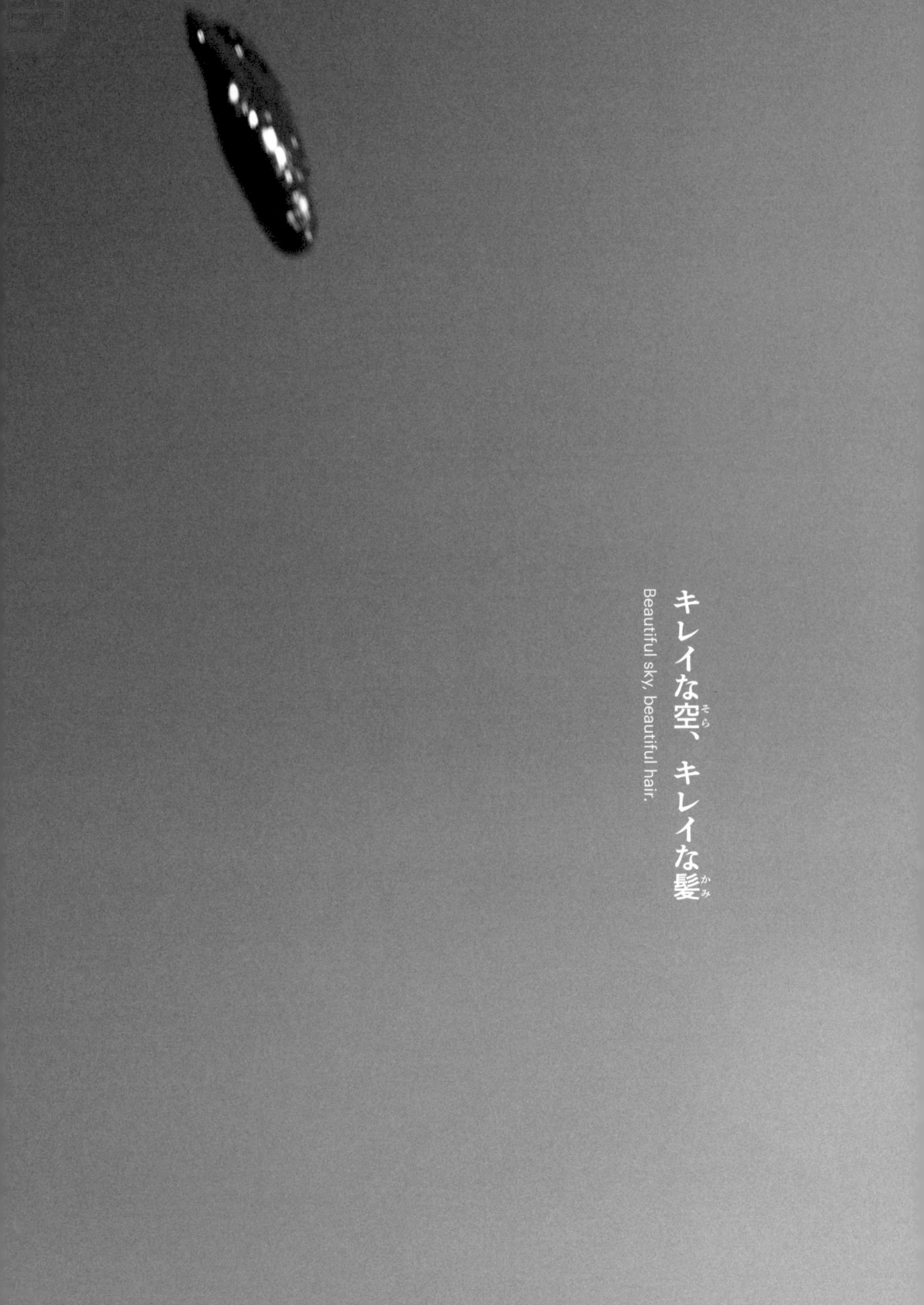

キレイな空《そら》、キレイな髪《かみ》

Beautiful sky, beautiful hair.

空飛《そらと》ぶ人間《にんげん》の姿《すがた》は世界中《せかいじゅう》で目撃《もくげき》されている。映像《えいぞう》もたくさん撮影《さつえい》されているが、何故《なぜ》か手足《てあし》は一切動《いっさいうご》いていない場合《ばあい》もあり、それらは人型《ひとがた》の風船《ふうせん》の誤認《ごにん》かもしれない。だが、生《い》きている人間《にんげん》のように体《からだ》を動《うご》かすフライング・ヒューマノイドも目撃《もくげき》はされている。その正体《しょうたい》は、人間《にんげん》に酷似《こくじ》したUMAかもしれないし、超能力《ちょうのうりょく》で空《そら》を飛《と》べる人間《にんげん》の可能性《かのうせい》だって考《かんが》えられる。あるUFO《ユーフォー》研究家《けんきゅうか》は、フライング・ヒューマノイドは地球人《ちきゅうじん》に擬態《ぎたい》した宇宙人《うちゅうじん》であるという説《せつ》を唱《とな》えている。普段《ふだん》は人間社会《にんげんしゃかい》で人《にん》間《げん》に紛《まぎ》れて生活《せいかつ》しているが、いざという時《とき》だけ空《そら》を飛《と》ぶらしい。

ナカザワ博士《はかせ》チェック

メキシコでの目撃《もくげき》が特《とく》に多《おお》いんだけど、昔《むかし》は「空飛《そらと》ぶ魔女《まじょ》」といわれていたみたいだよ！

体長 **1〜2m**
Height: 1〜2 meters

発見場所 **世界各国《せかいかっこく》**
Spotted location: Countries all over the world

得意技 **高速飛行《こうそくひこう》**
Special power: High-speed flight

目撃率《もくげきりつ》
Witness rate

不思議度《ふしぎど》
Strangeness level
10

キミのそばにもいるかも!

みんなの憧《あこが》れ、さらツヤUMA

スカイヘアー
SKYHAIR

体長 3～10m
Height: 3～10 meters

発見場所 高知県《こうちけん》、ほか
Spotted location: Kochi, etc.

好きなもの 髪《かみ》の毛《け》
Likes: Hair

目撃率《もくげきりつ》
Witness rate
7

不思議度《ふしぎど》
Strangeness level
10

ナカザワ博士《はかせ》チェック
Dr. Nakazawa Check

髪《かみ》の毛《け》が喜《よろこ》ぶもの（シャンプーなど）を餌《えさ》におびき寄《よ》せてみたら、捕《つか》まえられるかも!?

UMA NO. 32

ロングヘアーの髪《かみ》の毛《け》が空《そら》を飛《と》んでいるところを目撃《もくげき》した人間《にんげん》は世界中《せかいじゅう》にいる。顔《かお》も手足《てあし》もない、髪《かみ》の毛《け》だけのミステリアスな存在《そんざい》だ。日本《にほん》では特《とく》に高知県《こうちけん》での目撃《もくげき》が多《おお》い。また、外国《がいこく》で目撃《もくげき》されたスカイヘアーは赤髪《あかがみ》や、青髪《あおがみ》のものもいる。長《なが》い髪《かみ》に憧《あこが》れる人間《にんげん》はたくさんいるが、そんな人間《にんげん》の長髪《ちょうはつ》への憧《あこが》れが生《う》み出《だ》した新《あたら》しい生命体《せいめいたい》なのではないかともいわれている。川《かわ》を泳《およ》ぐ髪《かみ》の毛《け》や、家《いえ》の中《なか》に侵入《しんにゅう》してきた髪《かみ》の毛《け》を目撃《もくげき》した人間《にんげん》もいる。スカイヘアーは神出《しんしゅつ》鬼没《きぼつ》だ。

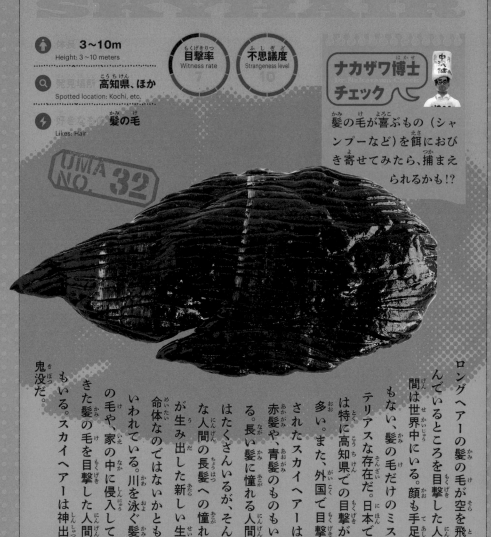

絶滅《ぜつめつ》していたって……
会《あ》える!!

Even though they're extinct,
you might still meet one!

来《き》ちゃった……
I'm here……

約《やく》7000万年前《まんねんまえ》に、恐竜《きょうりゅう》たちと一緒《いっしょ》に絶滅《ぜつめつ》したといわれている爬虫類《はちゅうるい》（翼竜《よくりゅう》）プテラノドン。だが、その生《い》き残《のこ》りと思《おも》われる生物《せいぶつ》は世界中《せかいじゅう》の空《そら》で目撃《もくげき》され続《つづ》けている。日本《にほん》では、茨城県牛久市《いばらきけんうしくし》でプテラノドンが何度《なんど》か目撃《もくげき》されており、写真《しゃしん》も撮影《さつえい》された。翼竜《よくりゅう》のような巨大生物《きょだいせいぶつ》が人々《ひとびと》に見《み》つからずにかくれられるような場所《ばしょ》が牛久《うしく》には存在《そんざい》しているのだろうか？ ひょっとすると、恐竜時代《きょうりゅうじだい》から現代《げんだい》の茨城《いばらき》にタイムスリップしてきたのかもしれない。

ナカザワ博士《はかせ》チェック

牛久《うしく》はプテラノドンのほかにも、河童《かっぱ》、ウシジナー、巨大《きょだい》な鳥《とり》、フライングハンド（空飛《そらと》ぶ手《て》）などが目撃《もくげき》されているUMA激戦区《げきせんく》なのだ !!

体長 **7m**
Height: 7 meters

茨城県《いばらきけん》 牛久市《うしくし》
Spotted location: Ushiku, Ibaraki

タイムトラベル
Special power: Time travel

目撃率《もくげきりつ》 Witness rate 6

不思議度《ふしぎど》 Strangeness level 10

USHIKU PTERANODON

太古《たいこ》の翼竜《よくりゅう》、牛久《うしく》の空《そら》を舞《ま》う！

祝祭《しゅくさい》の巨鳥《きょちょう》

体長 **1.5m**
Height: 1.5 meters

発見場所 **ブラジル**
Spotted location: Brazil

くちばしでつつく
Special power: Pecking people with its beak

目撃率《もくげきりつ》
Witness rate
3

衝撃度《しょうげきど》
Impact strength level
9

ナカザワ博士《はかせ》チェック

巨大《きょだい》な鳥《とり》も、獣人《じゅうじん》も世界《せかい》中《じゅう》で目撃《もくげき》が多《おお》いUMAです。その2つが融合《ゆうごう》したようなUMAがいたなんて驚《おどろ》き！ ツチノコ、ネッシーや、デスワーム、モスマンもいてほしい!!

1976年《ねん》の1月1日《がっついたち》。新年《しんねん》を祝《いわ》うかのようにブラジルに出現《しゅつげん》した空飛《そらと》ぶUMA。外《そと》で遊《あそ》んでいた2人《ふたり》の少年《しょうねん》が巨大《きょだい》な鳥《とり》が飛《と》んでいるところを目撃《もくげき》した。巨大《きょだい》な鳥《とり》の目撃談《もくげきだん》は世界中《せかいじゅう》にあるが、このとき目撃《もくげき》された巨鳥《きょちょう》は、まるでビッグフットのようなゴリラ顔《がお》をしていたのである！ この6日後《むいかご》にも、警察官《けいさつかん》が空《そら》を飛《と》ぶ巨大《きょだい》な鳥《とり》を目撃《もくげき》した。このときは、少年《しょうねん》が目撃《もくげき》したときよりも遥《はる》か高《たか》く飛《と》んでいたため、顔《かお》まではよく見《み》えなかったらしいが、おそらく同《おな》じような生物《せいぶつ》であろう。

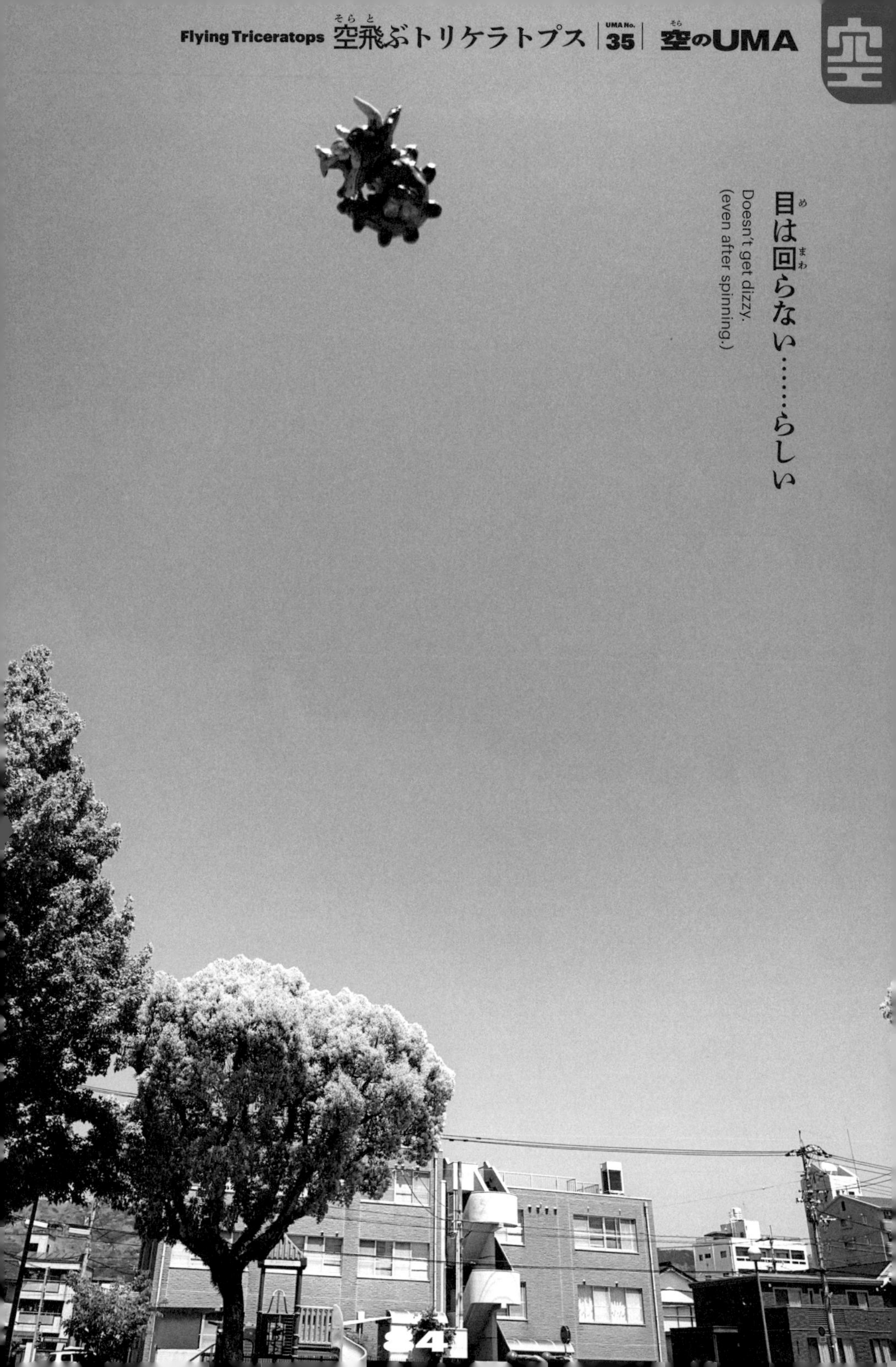

目《め》は回《まわ》らない……らしい

Doesn't get dizzy.
(even after spinning.)

その目《め》は、未来《みらい》を見《み》つめている

He can see the future with those eyes.

絶滅《ぜつめつ》した恐竜《きょうりゅう》トリケラトプスが現代《げんだい》まで生《い》き残《のこ》っていたら驚《おどろ》くべき大発見《だいはっけん》である。目撃《もくげき》された場所《ばしょ》が、空《そら》の上《うえ》だとしたらさらに驚《おどろ》きだ。2020年《ねん》、栃木県《とちぎけん》で電車《でんしゃ》に乗《の》っていた若者《わかもの》が空飛《そらと》ぶ不思議《ふしぎ》な「何《なに》か」を目撃《もくげき》して撮影《さつえい》した。映像《えいぞう》を拡大《かくだい》して確認《かくにん》したところ、3本《ぼん》の角《つの》を持《も》つトリケラトプスのような生物《せいぶつ》が、くるくると回転《かいてん》しながら飛行《ひこう》していたのだった。飛行能力《ひこうのうりょく》は確認《かくにん》されていないが、トリケラトプスの生《い》き残《のこ》りだと考《かんが》えられているUMAはアフリカのコンゴ共《きょう》和国《わこく》でも目撃《もくげき》されている。

ナカザワ博士《はかせ》チェック

アメリカでは、翼竜《よくりゅう》プテラノドンが海《うみ》を泳《およ》いでいる様子《ようす》が目撃《もくげき》されたこともあったんだ！

目撃率《もくげきりつ》 Witness rate 1

不思議度《ふしぎど》 Strangeness level 10

体長 6m
Height: 6 meters

発見場所 栃木県《とちぎけん》の空《そら》
Spotted location: Tochigi Sky

得意技 目《め》が回《まわ》らない
Special talent: Doesn't get dizzy (even after spinning)

空飛ぶトリケラトプス
FLYING TRICERATOPS

トリケラトプスがなぜ飛《と》ぶ？UMAだから!

モスマンいるとこ事件《じけん》あり!

モスマン
MOTHMAN

体長《たいちょう》 2m
Height: 2 meters

発見場所《はっけんばしょ》 アメリカ ウエストバージニア州《しゅう》
Spotted location: West Virginia, U.S.A.

得意技《とくいわざ》 未来予知《みらいよち》
Special power: Predicting the future

目撃率《もくげきりつ》
Witness rate
7

異形度《いけいど》
Odd Shape level
10

モスマンとは英語《えいご》で「蛾人間《がにんげん》」という意味《いみ》。ただし、モスマンは蛾《が》だけでなく、コウモリのような特徴《とくちょう》も持《も》っている。赤《あか》く光《ひか》る大《おお》きな眼《め》を持《も》ち、自動車《じどうしゃ》よりも速《はや》く飛《と》ぶことも出来《でき》る。アメリカではメジャーな存在《そんざい》で、モスマン博物館《はくぶつかん》まである。映画《えいが》やコミックにも登場《とうじょう》する人気《にんき》者《もの》だ。近年《きんねん》になって、日本《にほん》の京都《きょうと》でも大学教《だいがくきょう》授《じゅ》がモスマンを撮影《さつえい》するという事件《じけん》も起《お》こった。日本《にほん》でも、モスマンのおもちゃなどがすでに発売《はつばい》されており、人気者《にんきもの》になるかもしれない。

ナカザワ博士《はかせ》チェック
Dr.Nakazawa Check

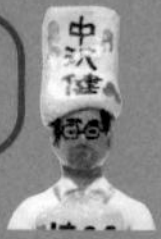

モスマンが現《あらわ》れると大《おお》きな事故《じこ》が起《お》こるという話《はなし》もある。だけど、それは不《ふ》幸《こう》な事故《じこ》を起《お》こさないように警告《けいこく》のために来《き》ていると考《かんが》えられているんだ！

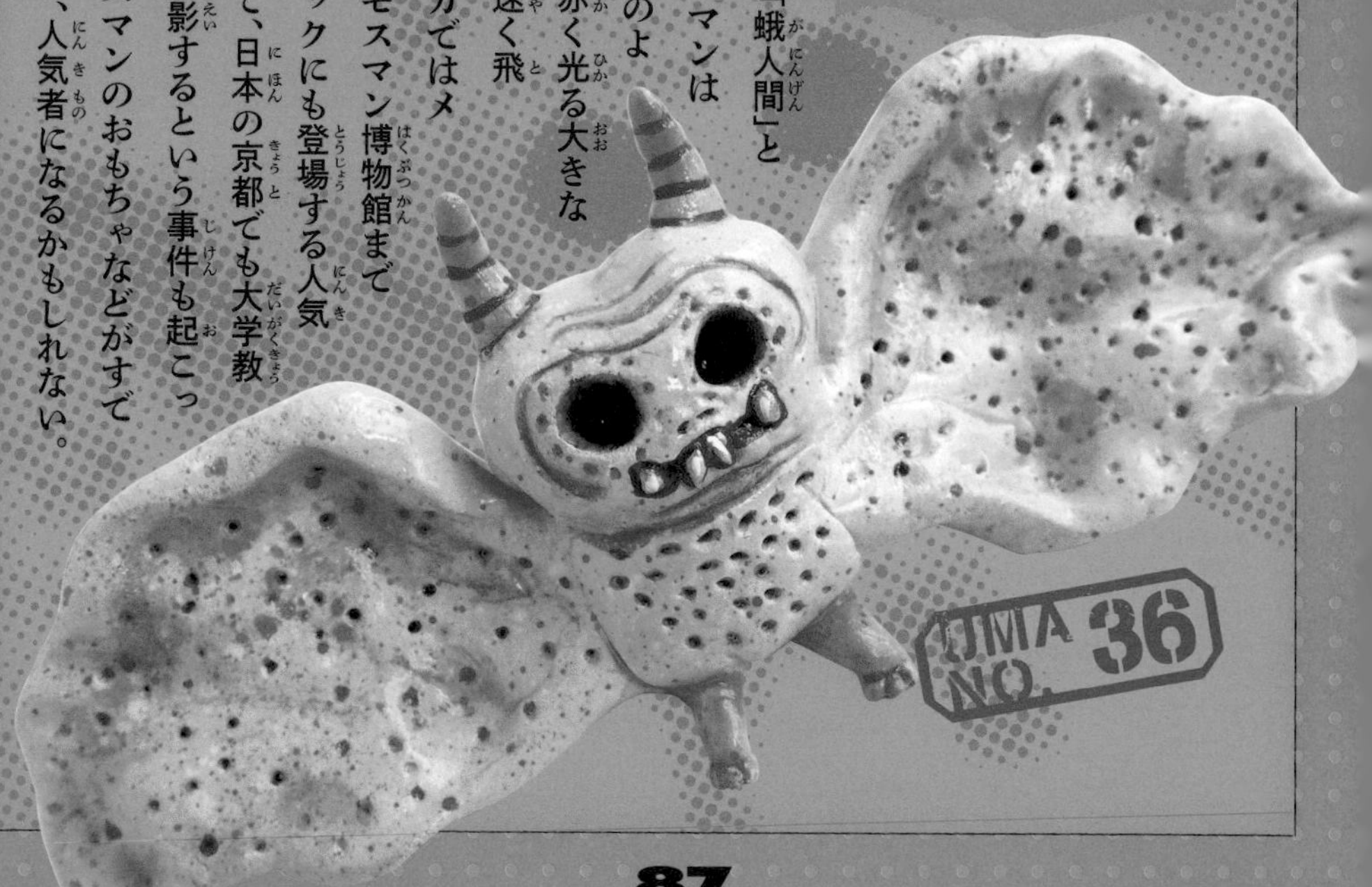

のUMA

未《み》確《かく》認《にん》生《せい》物《ぶつ》

UMA around town

CHAPTER 4 町《まち》

ちゅぱっ！ ちゅーちゅー！
ずるずるずるっ!!
CHU-PA! CHU CHU! ZURU ZURU!

犯人《はんにん》は、オマエか!!

So you're the culprit!!

チュパカブラ
CHUPACABRA
好物《こうぶつ》は生《い》き血《ち》！

スペイン語《ご》で「ヤギの血《ち》を吸《す》う者《もの》」という意味《いみ》のUMAであるが、おそうのはヤギだけではない。牛《うし》の血《ち》も吸《す》うし、数《かず》は少《すく》ないが人間《にんげん》がおそわれたケースもある。血《ち》を吸《す》うのに使《つか》うのだろうか、ストローのように長《なが》い舌《した》を持《も》っている。背中《せなか》にトゲが生《は》えたグレイ（目撃《もくげき》されることが多《おお》い宇宙人《うちゅうじん》。体《からだ》は小柄《こがら》だが頭部《とうぶ》は大《おお》きい）のような姿《すがた》や、コヨーテが怪物化《かいぶつか》したような姿《すがた》のものなど、見《み》た目《め》にはいくつかのバリエーションがあるが、未知《みち》の吸血獣《きゅうけつじゅう》は同《おな》じチュパカブラの名《な》で呼《よ》ばれることが多《おお》い。宇宙人《うちゅうじん》のペット説《せつ》や、遺伝子操作《いでんしそうさ》で作《つく》られた新種《しんしゅ》の生物説《せいぶつせつ》などが唱《とな》えられている。最初《さいしょ》に目撃《もくげき》されたのはカリブ海《かい》にある島《しま》プエルトリコだったが、今《いま》では世界中《せかいじゅう》で目撃《もくげき》されている。

ナカザワ博士《はかせ》チェック
Dr.Nakazawa Check

恐《おそ》ろしい怪物《かいぶつ》のような印象《いんしょう》も強《つよ》いけど、チリの民家《みんか》に侵入《しんにゅう》したチュパカブラは飼《か》い犬《いぬ》に吠《ほ》えられて逃《に》げ去《さ》っていった。意外《いがい》と臆病《おくびょう》なのかも？

目撃率《もくげきりつ》 Witness rate 6

凶暴度《きょうぼうど》 Ferocious level 9

体長《たいちょう》 1～3m
Height: 1～3 meters

発見場所《はっけんばしょ》 中央《ちゅうおう》・南《みなみ》アメリカほか
Spotted location: Central and South America, etc.

好《す》きなもの ヤギの血《ち》
Likes: Goat's blood

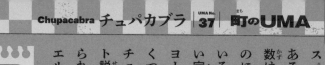

油断《ゆだん》は禁物《きんもつ》!小《ちい》さな悪魔《あくま》

トヨール

TOYOL

目撃率《もくげきりつ》 Witness rate 5

迷惑度《めいわくど》 Trouble Maker level 9

体長《たいちょう》 20cm
Height: 20 cm

発見場所《はっけんばしょ》 マレーシア
Spotted location: Malaysia

得意技《とくいわざ》 泥棒《どろぼう》
Special talent: Pickpocketing

マレーシアではとても有名《ゆうめい》な精霊《せいれい》。トヨールは現地《げんち》の言葉《ことば》で「小人《こびと》の悪魔《あくま》」という意味《いみ》。だが、2000年代《ねんだい》以《い》降《こう》で報告《ほうこく》されているトヨールによる被害《ひがい》は、財布《さいふ》から小銭《こぜに》を盗《ぬす》まれたというものや、眠《ねむ》っている間《あいだ》に足《あし》を軽《かる》く噛《か》まれたなど、悪魔《あくま》の割《わり》には些細《ささい》なものである。足《あし》を噛《か》まれた人間《にんげん》は血《ち》を少《すこ》し吸《す》われたという話《はなし》もあり、チュパカブラのような吸血《きゅうけつ》生物《せいぶつ》であるのかもしれない。2006年《ねん》に海辺《うみべ》に流《なが》れ着《つ》いた瓶《びん》を漁師《りょうし》が拾《ひろ》ったところ、瓶《びん》の中《なか》にトヨールのミイラが入《はい》っていたという驚《おどろ》くべき事件《じけん》が起《お》こった。

ナカザワ博士《はかせ》チェック
Dr.Nakazawa Check

キミの持《も》っているお金《かね》もいつの間《ま》にかちょっと無《な》くなっていることはない? 犯人《はんにん》はトヨールかもしれないよ!

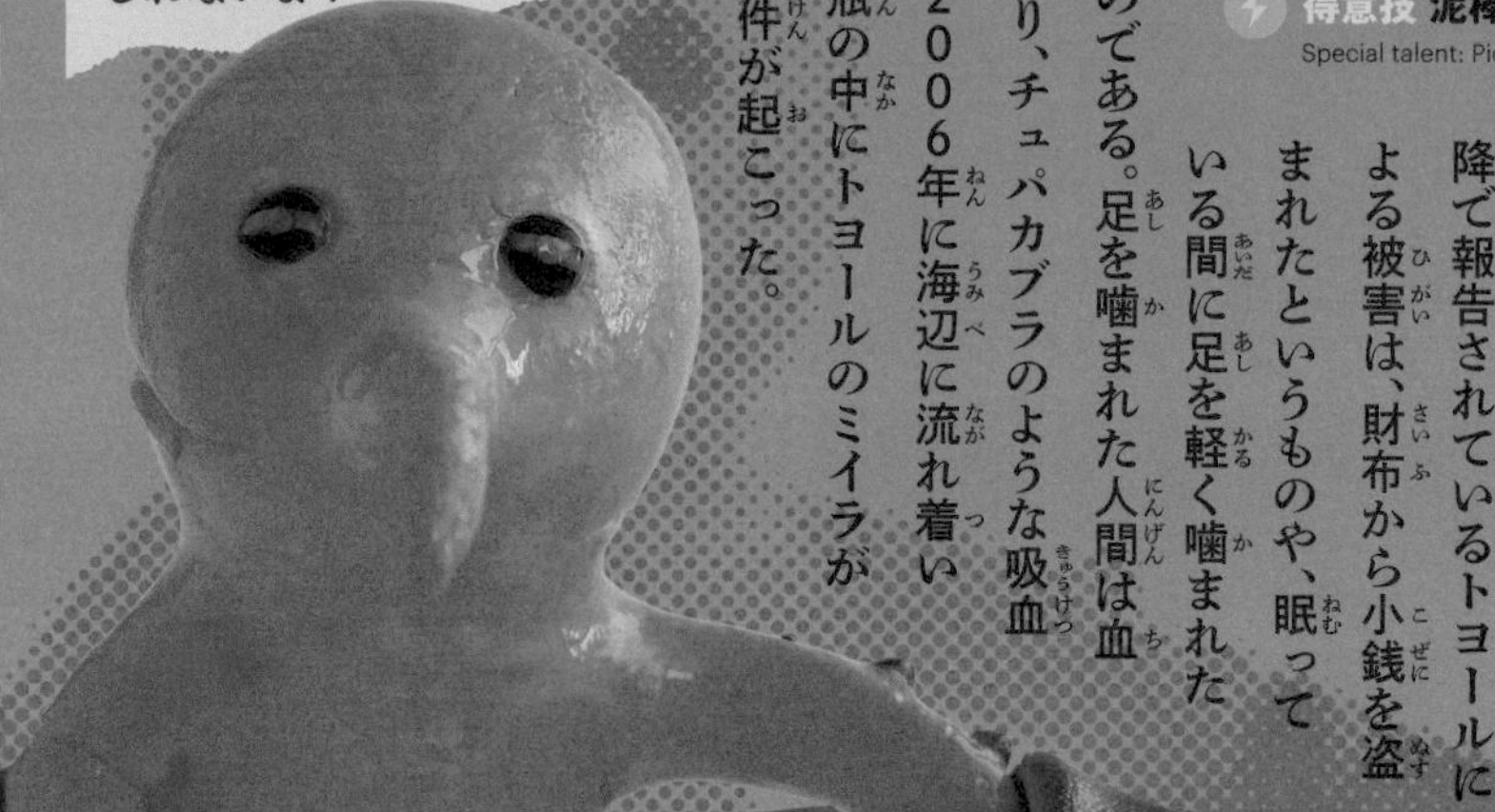

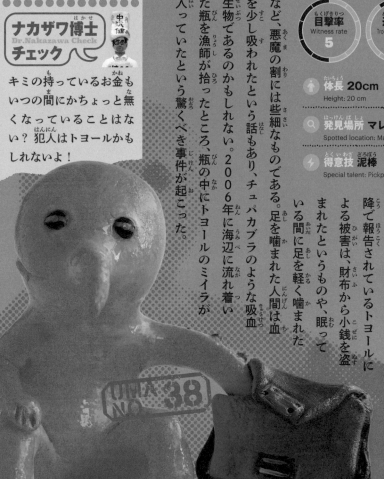

ナイトクローラー、
日本《にほん》の夜《よる》を楽《たの》しんでますか？

Night Crawler, Are you enjoying the streets of Tokyo?

地球《ちきゅう》の未来《みらい》が
心配《しんぱい》にゃん……

I'm worried about the future of the earth... meow...

ナイトクローラー

NIGHTCRAWLER

深夜《しんや》の徘徊者《はいかいしゃ》

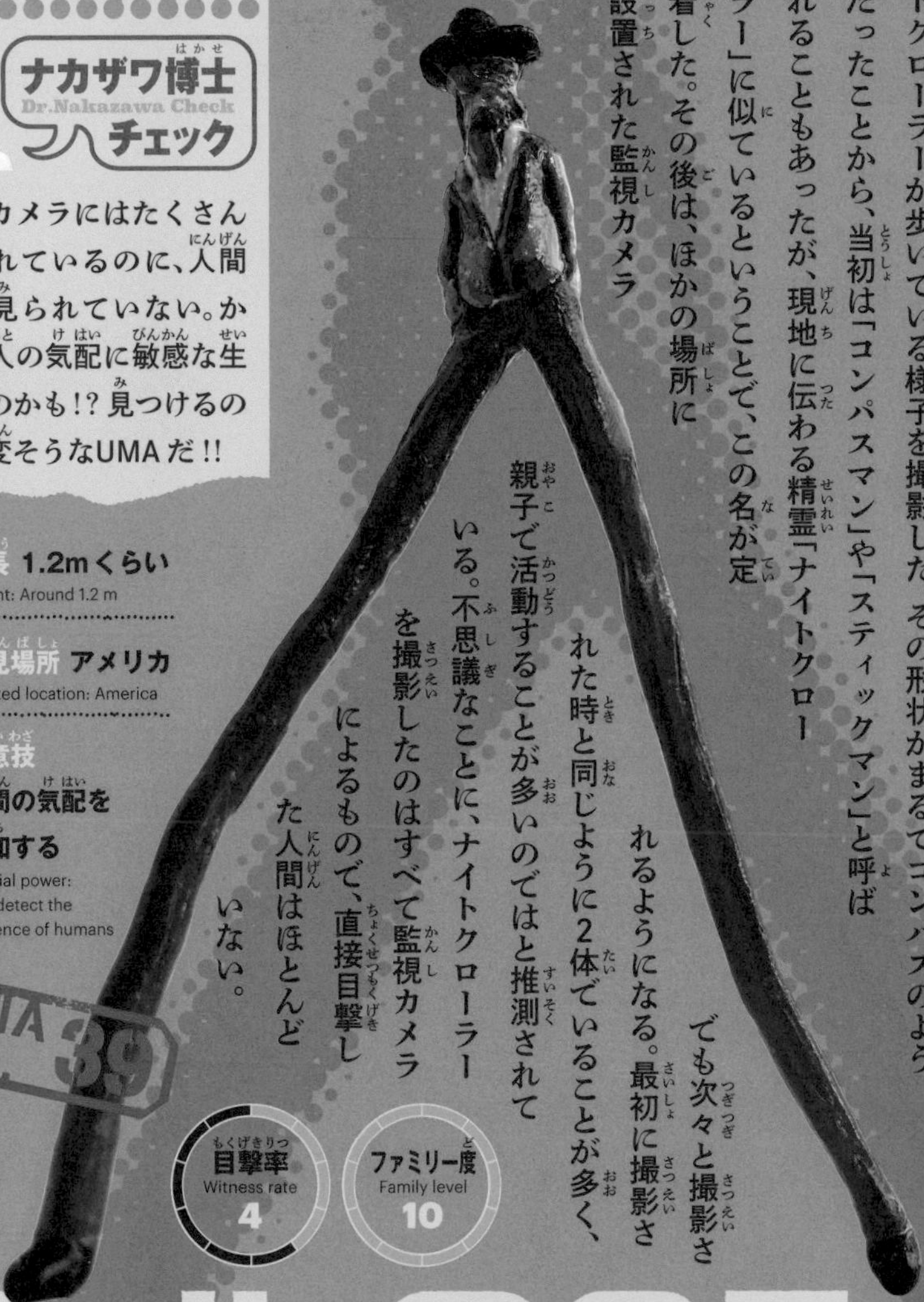

2010年《ねん》に、アメリカのヨセミテ国立公園《こくりつこうえん》にある監視《かんし》カメラが、2体《たい》のナイトクローラーが歩《ある》いている様子《ようす》を撮影《さつえい》した。その形状《けいじょう》がまるでコンパスのようだったことから、当初《とうしょ》は「コンパスマン」や「スティックマン」と呼《よ》ばれることもあったが、現地《げんち》に伝《つた》わる精霊《せいれい》「ナイトクローラー」に似《に》ているということで、この名《な》が定《てい》着《ちゃく》した。その後《ご》は、ほかの場所《ばしょ》に設置《せっち》された監視《かんし》カメラでも次々《つぎつぎ》と撮影《さつえい》されるようになる。最初《さいしょ》に撮影《さつえい》された時《とき》と同《おな》じように2体《たい》でいることが多《おお》く、親子《おやこ》で活動《かつどう》することが多《おお》いのではと推測《すいそく》されている。不思議《ふしぎ》なことに、ナイトクローラーを撮影《さつえい》したのはすべて監視《かんし》カメラによるもので、直接目撃《ちょくせつもくげき》した人間《にんげん》はほとんどいない。

ナカザワ博士《はかせ》チェック
Dr.Nakazawa Check

監視《かんし》カメラにはたくさん撮《と》られているのに、人間《にんげん》には見《み》られていない。かなり人《ひと》の気配《けはい》に敏感《びんかん》な生物《ぶつ》なのかも!? 見《み》つけるのが大変《たいへん》そうなUMAだ!!

体長《たいちょう》 1.2mくらい
Height: Around 1.2 m

発見場所《はっけんばしょ》 アメリカ
Spotted location: America

得意技《とくいわざ》
人間《にんげん》の気配《けはい》を察知《さっち》する
Special power: Can detect the presence of humans

UMA NO. 39

目撃率《もくげきりつ》 Witness rate 4

ファミリー度《ど》 Family level 10

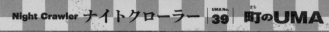

宇宙《うちゅう》からの使者《ししゃ》（猫《ねこ》）!?

エルバッキー

ELBUCKY

体長《たいちょう》 40cm くらい
Height: Around 40 cm

発見場所《はっけんばしょ》 神奈川県横浜市《かながわけんよこはまし》
Spotted location: Yokohama City, Kanagawa

得意技《とくいわざ》 目《め》を光《ひか》らせる
Special power: Has flashing eyes

宇宙《うちゅう》からやって来《き》た生物《せいぶつ》といわれているが、見《み》た目《め》は地球《ちきゅう》の猫《ねこ》とそっくり。目《め》が光《ひか》り、猫《ねこ》にしては太《ふと》くて巨大《きょだい》な尻尾《しっぽ》を持《も》っているが、このエルバッキーを街《まち》で見《み》かけても「猫《ねこ》だなぁ」としか思《おも》えないだろう。エルバッキーの目撃者《もくげきしゃ》も、エルバッキー自身《じしん》がテレパシーを使《つか》って、宇宙《うちゅう》からやって来《き》た生物《せいぶつ》であることを自己申告《じこしんこく》してきたために、ただの猫《ねこ》ではないことに気《き》づくことが出来《でき》た。宇宙《うちゅう》の平和《へいわ》を願《ねが》う存在《そんざい》で、地球《ちきゅう》には監《かん》視《し》のためにやって来《き》たらしい。

ナカザワ博士《はかせ》チェック Dr.Nakazawa Check

エルバッキーというのは略称《りゃくしょう》で、正《ただ》しくは「アルターゴゾ・エルバッキー・ムニューダー」というんだ。長《なが》い名前《なまえ》だね!!

目撃率《もくげきりつ》 Witness rate 1

エスパー度《ど》 Esper level 10

UMA NO. 40

はじめての日本《にほん》！
スーツを着《き》ていてよかった！

It's my first time in Japan!
I'm glad I wore a suit!

人間《にんげん》の落《お》とし物《もの》を
捜索中《そうさくちゅう》……

I search for people's lost items.

バウォコジ

BAWOKOZI

町《まち》に溶《と》け込《こ》む変身《へんしん》UMA

変身能力《へんしんのうりょく》を持《も》つといわれているUMAで、「スーツ型《がた》の男性《だんせい》」「ブタ」「巨大《きょだい》コウモリ」の姿《すがた》に変《か》わることが出来《でき》る。変身《へんしん》の途中《とちゅう》ではブタ顔《がお》でスーツ姿《すがた》の男性《だんせい》やブタ顔《がお》の大《おお》コウモリにもなるらしい。それ以外《いがい》の姿《すがた》に変身《へんしん》することも出来《でき》るかどうかは現時点《げんじてん》では不明《ふめい》。現地《げんち》では警察《けいさつ》が出動《しゅつどう》する事態《じたい》にもなるなど、恐《おそ》れられてもいる。ただし、バウォコジ自体《じたい》は凶暴《きょうぼう》な性格《せいかく》ではなく、人間《にんげん》やほかの生物《せいぶつ》をおそっているところは見《み》られていない。変身能力《へんしんのうりょく》も自《みずか》らを守《まも》るために身《み》につけたのだろう。

ナカザワ博士《はかせ》チェック
Dr.Nakazawa Check

周囲《しゅうい》の環境《かんきょう》に合《あ》わせて体《からだ》の色《いろ》を変《か》えたり、姿《すがた》を変《か》えたりする生物《せいぶつ》はたくさん確認《かくにん》されているんだ。

目撃率《もくげきりつ》
Witness rate
3

エスパー度《ど》
Esper level
10

体長《たいちょう》 1.7m くらい
Height: Around 1.7 meters

発見場所《はっけんばしょ》 南《みなみ》アフリカ共和国《きょうわこく》
Spotted location: Republic of South Africa

得意技《とくいわざ》 変身能力《へんしんのうりょく》
Special power: Shapeshift

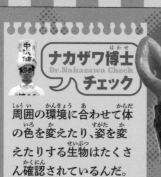

人間文化《にんげんぶんか》が、お好《す》き!?

オラン・ガダン

ORANG GADANG

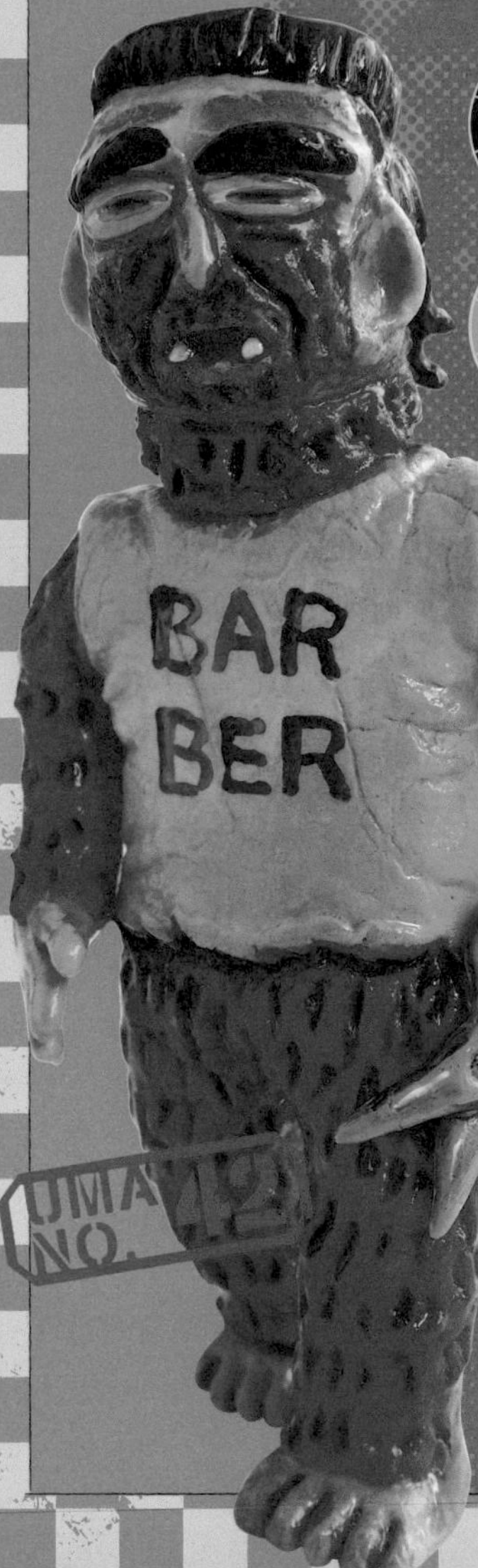

スマトラ島《とう》で目撃《もくげき》されている獣人《じゅうじん》。1917年《ねん》に山《やま》の中《なか》で目撃《もくげき》された個体《こたい》は、髪《かみ》の毛《け》が人間《にんげん》に刈《か》られたような短髪《たんぱつ》だったといわれている。この目撃談《もくげきだん》から考《かんが》えると、オラン・ガダンは山《やま》から時々《ときどき》下《お》りてきては、人《にん》間《げん》に紛《まぎ》れて街《まち》で散髪《さんぱつ》している可能性《かのうせい》もある。山《やま》に落《お》ちていたハサミを使用《しよう》したという説《せつ》もあるが、いずれにせよ道具《どうぐ》を器用《きよう》に使《つか》いこなす知能《ちのう》の高《たか》さを持《も》った生物《せいぶつ》であるといえるだろう。

目撃率《もくげきりつ》
Witness rate
3

文明《ぶんめい》溶《と》け込《こ》み度《ど》
Adaption to civilization level
10

体長《たいちょう》 1.8m
Height: 1.8 meters

発見場所《はっけんばしょ》 インドネシア スマトラ島《とう》
Spotted location: Sumatra, Indonesia

好《す》きなもの 町《まち》の散策《さんさく》
Likes: Walking around town

ナカザワ博士《はかせ》チェック
Dr.Nakazawa Check

スマトラ島《とう》ではもう一種《いっしゅ》類《るい》、別《べつ》の獣人《じゅうじん》UMAも目撃《もくげき》されているよ！ オラン・ペンデクといって、オラン・ガダンより小柄《こがら》な生《せい》物《ぶつ》らしい。2種類《しゅるい》の獣人《じゅうじん》UMAの間《あいだ》で交流《こうりゅう》はあるんだろうか？

平和《へいわ》な交流《こうりゅう》、希望《きぼう》

I want peace.

ほかの温泉《おんせん》にも
興味《きょうみ》あります

I am interested in
many other hot springs too.

1955年《ねん》の夏《なつ》の夜《よる》、19時《じ》頃《ごろ》にアメリカのホプキンスビルという町《まち》にある民家《みんか》の前《まえ》に出現《しゅつげん》した怪物《かいぶつ》。身長《しんちょう》は1mほどで、全身《ぜんしん》は銀色《ぎんいろ》。大《おお》きな耳《みみ》にするどい牙《きば》と爪《つめ》を持《も》っていた。目撃者《もくげきしゃ》の男性《だんせい》は恐怖《きょうふ》のあまり、怪物《かいぶつ》に向《む》けて銃《じゅう》で攻撃《こうげき》したが、まったくの無傷《むきず》であった。怪物《かいぶつ》は、攻《こう》撃《げき》する気持《きも》ちはなかったようで、男性《だんせい》の髪《かみ》の毛《け》を触《さわ》った後《あと》、満足《まんぞく》げにどこかへ去《さ》っていった。人間《にんげん》という生《い》き物《もの》に関心《かんしん》があったのだろうか？ その後《ご》は目撃《もくげき》されることもなかったが、2019年《ねん》に東京都《とうきょうと》新宿《しんじゅく》の上空《じょうくう》で似《に》たような姿《すがた》の怪物《かいぶつ》が飛《と》んでいるところが撮影《さつえい》された。

ナカザワ博士《はかせ》チェック
Dr.Nakazawa Check

このUMAは宇宙人《うちゅうじん》だったんじゃないかともいわれている。地球《ちきゅう》に訪《おとず》れたらいきなり攻撃《こうげき》されてしまったので、その後《ご》はしばらく出現《しゅつげん》しなかったのかも。日本《にほん》の空《そら》を飛《と》んでいるホプキンスビル・モンスターのことは攻撃《こうげき》せずに優《やさ》しく見守《みまも》ってあげたいね。

目撃率《もくげきりつ》 Witness rate 3

不死身度《ふじみど》 Immortal level 10

体長《たいちょう》 1m
Height: 1 meter

発見場所《はっけんばしょ》 アメリカ ケンタッキー州《しゅう》 ホプキンスビル
Spotted location: Hopkinsville, Kentucky, U.S.A.

得意技《とくいわざ》 空中浮揚《くうちゅうふよう》
Special power: Levitation (can float in the air)

ホプキンスビル・モンスター
HOPKINSVILLE MONSTER

強《つよ》さと優《やさ》しさをかねそなえた銀色《ぎんいろ》に輝《かがや》くモンスター

温泉好《おんせんず》きの獣人《じゅうじん》UMA

伊香保温泉獣人《いかほおんせんじゅうじん》

IKAHO ONSEN MONSTER

体長《たいちょう》 1.5mくらい
Height: Around 1.5 meters

発見場所《はっけんばしょ》 群馬県《ぐんまけん》 伊香保温泉付近《いかほおんせんふきん》
Spotted location: Near Ikaho Onsen, Gunma

得意技《とくいわざ》 かくれんぼ
Special talent: Hide and Seek

目撃率《もくげきりつ》
Witness rate
1

正体不明度《しょうたいふめいど》
Unidentifiability level
10

ナカザワ博士《はかせ》チェック
Dr.Nakazawa Check

UMAを探《さが》して温泉《おんせん》にも入《はい》れる! 伊香保温泉獣人《いかほおんせんじゅうじん》探《さが》しは、最高《さいこう》の旅行《りょこう》になると思《おも》うよ!!

群馬県《ぐんまけん》の伊香保温泉《いかほおんせん》の周辺《しゅうへん》で、未知《みち》の生物《せいぶつ》の足跡《あしあと》が発見《はっけん》された。姿《すがた》を目撃《もくげき》した者《もの》は1人《ひとり》もいないが、ヒバゴンのような獣人《じゅうじん》がその正体《しょうたい》であると考《かんが》えられ「伊香保温泉獣人《いかほおんせんじゅうじん》」と名《な》づけられた。この辺《あた》りは観光地《かんこうち》で人間《にんげん》も多《おお》い。そのような場所《ばしょ》で、足跡《あしあと》のみが発見《はっけん》されるというのは実《じつ》に奇妙《きみょう》だ。姿《すがた》を透明《とうめい》に出来《でき》るのか、はたまた瞬間移動《しゅんかんいどう》でも出来《でき》るのか? 身《み》をかくすための特殊《とくしゅ》な能力《のうりょく》を持《も》っている可能性《かのうせい》は高《たか》いだろう。温泉《おんせん》が好《す》きという説《せつ》もある。

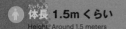

ともだちに
なってください！

Please be my friend!

目《め》を合《あ》わせるな！
おそってくるぞ

Don't make eye contact!
He'll come after you!

2003年《ねん》。若者《わかもの》たちが家《いえ》で遊《あそ》んでいたら、夜《よる》9時頃《じごろ》にドアをノックする音《おと》が聞《き》こえた。しばらくしてドアを開《あ》けると、コウモリのような翼《つばさ》を持《も》つ人間《にんげん》サイズの生物《せいぶつ》が立《た》っていた。若者《わかもの》たちに用《よう》があったわけではなかったのか、この生物《せいぶつ》は翼《つばさ》を広《ひろ》げるとそのまま夜空《よぞら》に向《む》かって飛《と》んで行《い》った。目的《もくてき》は不明《ふめい》だが、ノックをするなんて、とても礼儀正《れいぎただ》しいUMAである。

ナカザワ博士《はかせ》チェック
Dr.Nakazawa Check

ドアをノックする幽霊《ゆうれい》や妖怪《ようかい》の話《はなし》は世界中《せかいじゅう》に伝《つた》わっている。その正体《しょうたい》はUMAだったのかも!?

フレンドリー度《ど》
Friendliness level
8

目撃率《もくげきりつ》
Witness rate
2

体長《たいちょう》 1.7m くらい
Height: Around 1.7 meters

発見場所《はっけんばしょ》 チリ
Spotted location: Chile

得意技《とくいわざ》 周囲《しゅうい》の環境《かんきょう》を観察《かんさつ》すること
Special talent: Can observe the environment around him carefully.

礼《れい》儀《ぎ》正《ただ》しいUMA
POLITE MONSTER
お客様《きゃくさま》は、未確認生物《みかくにんせいぶつ》!

攻守完璧《こうしゅかんぺき》モンスター!!

モンキーマン

MONKEY MAN

目撃率《もくげきりつ》 Witness rate 7

凶暴度《きょうぼうど》 Ferocious level 10

ナカザワ博士《はかせ》チェック Dr.Nakazawa Check

ヘルメットは、ムノチュワとの激《はげ》しい戦闘《せんとう》から頭部《とうぶ》を守《まも》るために必要《ひつよう》としている可能性《かのうせい》がある!!

頭《あたま》にヘルメットをかぶり、ジーパンのようなズボンを穿《は》いている獣人《じゅうじん》UMA。かなり凶暴《きょうぼう》な性格《せいかく》らしく、インドでは100人以上《にんいじょう》の人々《ひとびと》がモンキーマンのするどい爪《つめ》におそわれたと報告《ほうこく》している。ヘルメットや衣服《いふく》も無理《むり》やり人間《にんげん》から強奪《ごうだつ》したのかもしれない。モンキーマンと一緒《いっしょ》に、全身《ぜんしん》を光《ひか》らせて空《そら》を飛《と》ぶ亀《かめ》のような姿《すがた》のUMA「ムノチュワ」がいるところも目撃《もくげき》されている。ムノチュワがモンキーマンの仲間《なかま》だという説《せつ》もあれば、モンキーマンと敵対《てきたい》していると語《かた》る者《もの》もいる。

体長《たいちょう》 1.3〜1.7m
Height: 1.3～1.7 meters

発見場所《はっけんばしょ》 インド ニューデリー
Spotted location: New Delhi, India

好《す》きなもの ヘルメットとジーパン
Likes: Helmets and jeans

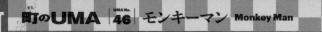

この夢《ゆめ》は、解《かい》凍《とう》できない

His dreams cannot be defrosted.

さてと、悪臭《あくしゅう》でも放《はな》ちますか！

Well, let's give it a stink, shall we?

ナカザワ博士《はかせ》チェック
Dr.Nakazawa Check

日本《にほん》でも、見物料《けんぶつりょう》を払《はら》ったお客《きゃく》さんに、河童《かっぱ》や人《にん》魚《ぎょ》のミイラが公開《こうかい》されていた時代《じだい》があったんだ。世界中《せかいじゅう》どこの国《くに》の人《ひと》でも、UMAを見《み》たいという好奇心《こうきしん》は持《も》っている!!

目撃率《もくげきりつ》 Witness rate 10

ミステリアス度《ど》 Mysterious level 10

体長《たいちょう》 1.8m
Height: 1.8 meters

発見場所《はっけんばしょ》 ベトナム
Spotted location: Vietnam

得意技《とくいわざ》
巨大《きょだい》な手《て》を使《つか》ったビンタ
Special power: Slap with a giant hand

UMA NO. 47

ミネソタ・アイスマン
MINNESOTA ICEMAN
その正体《しょうたい》は闇《やみ》の中《なか》……

UMAを目撃《もくげき》したいというのは全人類《ぜんじんるい》の夢《ゆめ》だ。そんな夢《ゆめ》を叶《かな》えてくれる奇妙《きみょう》なイベントがかつて存在《そんざい》した。アメリカでは1967年《ねん》から1968年《ねん》の間《あいだ》、ビッグフットのような獣人《じゅうじん》の死体《したい》が氷《こおり》づけにされて、見物料《けんぶつりょう》を払《はら》ったお客《きゃく》さんに公開《こうかい》されていたのだ。元々《もともと》はベトナムにいたUMAの死体《したい》がアメリカに氷《こおり》づけにされて運《はこ》ばれてきたものといわれている。それが本物《ほんもの》のUMAの死体《したい》だったのか、お金儲《かねもう》けのために作《つく》られた偽物《にせもの》であったのかは本格的《ほんかくてき》な調査《ちょうさ》が行《おこな》われる前《まえ》に行方不明《ゆくえふめい》になってしまい分《わ》からない。

祭《まつ》りの主役《しゅやく》！個性派《こせいは》UMA

フラットウッズ・モンスター

FLATWOODS MONSTER

体長《たいちょう》 3m
Height: 3 meters

発見場所《はっけんばしょ》 アメリカ
ウエストバージニア州《しゅう》 フラットウッズ
Spotted location: Flatwoods, West Virginia, U.S.A.

得意技《とくいわざ》 毒《どく》ガス攻撃《こうげき》
Special power: Poison gas attack

UMA NO.48

ナカザワ博士《はかせ》チェック
Dr.Nakazawa Check

UFO《ユーフォー》の近《ちか》くで目撃《もくげき》されたので宇宙人《うちゅうじん》かもしれない。日本《にほん》では「3mの宇宙人《うちゅうじん》」の名前《なまえ》で雑誌《ざっし》の記事《きじ》になったり、おもちゃも作《つく》られたりしたことがあるんだ！

目撃率《もくげきりつ》 Witness rate 4

異形度《いけいど》 Odd Shape level 10

スペードマークのような頭部《とうぶ》を持《も》つ個性的《こせいてき》な見《み》た目《め》の生物《せいぶつ》だ。1952年《ねん》の秋《あき》、UFO《ユーフォー》が山《やま》に降《お》りていくのを目撃《もくげき》した人《ひと》たちが様子《ようす》を見《み》に行《い》くと、この生物《せいぶつ》が浮《う》かんでいた。怪物《かいぶつ》は体《からだ》からガスのようなものを発生《はっせい》させていた。目撃者《もくげきしゃ》たちは恐怖《きょうふ》で逃《に》げ出《だ》したが、ガスの影響《えいきょう》なのか、のどの痛《いた》みなどが数日《すうじつ》続《つづ》いたらしい。目撃者《もくげきしゃ》は恐怖《きょうふ》し、数日《すうじつ》寝《ね》こむ者《もの》までいたが、今《いま》では非常《ひじょう》に愛《あい》された存在《そんざい》であり、年《ねん》に1度《ど》「フラットウッズ・モンスターフェスティバル」が行《おこな》われている。

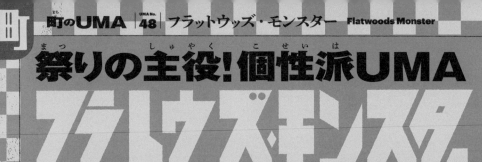

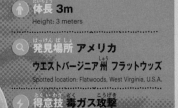

のUMA

未《み》確《かく》認《にん》生《せい》物《ぶつ》

UMA in Space

CHAPTER 5 宇《う》宙《ちゅう》

花火《はなび》より、キレイ?

More beautiful than fireworks?

宇宙《うちゅう》怪獣《かいじゅう》、地球《ちきゅう》に襲来《しゅうらい》

The space monster that attacks earth.

全身《ぜんしん》が炎《ほのお》に包《つつ》まれた状態《じょうたい》で生《い》き続《つづ》ける鳥《とり》の伝説《でんせつ》は世界中《せかいじゅう》に存在《そんざい》する。ただの伝説《でんせつ》ではなく、現在《げんざい》でも火《ひ》の鳥《とり》を見《み》たと語《かた》る人間《にんげん》は多《おお》い。2018年《ねん》にはアメリカのグランドティトン国立公園《こくりつこうえん》に設置《せっち》された監視《かんし》カメラが、飛《と》んでいる火《ひ》の鳥《とり》を撮影《さつえい》した。また、新潟県《にいがたけん》にある某神《ぼうじん》社《じゃ》の上空《じょうくう》には火《ひ》の鳥《とり》が頻繁《ひんぱん》に出現《しゅつげん》し、多《おお》くの人《にん》間《げん》が目撃《もくげき》している。火《ひ》の鳥《とり》が目撃《もくげき》されているのは地球《ちきゅう》だけではない。宇宙空間《うちゅうくうかん》を飛《と》ぶ火《ひ》の鳥《とり》が撮影《さつえい》されたこともあった。周囲《しゅうい》の星《ほし》と比較《ひかく》すると、その大《おお》きさは数《すう》kmもあったという。あまりにもスケールが大《おお》きなUMAだ。

ナカザワ博士《はかせ》チェック

Dr.Nakazawa Check

NASA《ナサ》が発表《はっぴょう》した宇宙《うちゅう》の写真《しゃしん》に宇宙生物《うちゅうせいぶつ》のUMAや、宇宙人《うちゅうじん》が残《のこ》した建造《けんぞう》物《ぶつ》が写《うつ》り込《こ》んでいないか探《さが》している人々《ひとびと》が、世界《せかい》にはたくさんいるんだ！

目撃率《もくげきりつ》 Witness rate 7

神秘度《しんぴど》 Mystery level 10

体長《たいちょう》 50cm～数《すう》km
Height: 50 cm to several kilometers

発見場所《はっけんばしょ》 地球《ちきゅう》もふくむ宇宙《うちゅう》
Spotted location: Earth and the rest of the universe

好《す》きなもの 太陽《たいよう》エネルギー
Likes :Solar energy

火《ひ》の鳥《とり》

神話《しんわ》にも語《かた》られるUMA

出会《であ》ったら最後《さいご》！火星《かせい》UMA

マルスREX
MARS REX

体長《たいちょう》 2m
Height: 2 meters

発見場所《はっけんばしょ》 火星《かせい》
Spotted location: Mars

好《す》きなもの 人間《にんげん》（餌《えさ》として）
Likes : Humans (as food)

目撃率《もくげきりつ》 Witness rate 3

デンジャラス度《ど》 Dangerous level 10

ナカザワ博士《はかせ》チェック

Dr.Nakazawa Check

火星《かせい》にはマルスREX《レックス》のほかにも、全長《ぜんちょう》2kmの宇宙《うちゅう》ミミズがいるという説《せつ》もあるんだ！ ちょっと怖《こわ》いけど、宇宙《うちゅう》のUMAもいつか探《さが》してみたい!!

人類《じんるい》がその足《あし》で立《た》った星《ほし》は地球以外《ちきゅういがい》では、まだ月《つき》のみである。だが、アメリカでは火星《かせい》に行《い》ったことがあると主張《しゅちょう》する人間《にんげん》が複数《ふくすう》いるのだ。アメリカ政府《せいふ》は、ジャンプルームと呼《よ》ばれる機械《きかい》を極秘裏《ごくひり》に開発《かいはつ》しており、これを使《つか》えば火星《かせい》までワープすることが可能《かのう》らしい。アメリカはほかの国《くに》に気《き》づかれないように、火星《かせい》の開拓《かいたく》を進《すす》めようとしていた。それを邪魔《じゃま》したのが火星《かせい》に生息《せいそく》していた恐竜《きょうりゅう》のような生物《せいぶつ》「マルスREX《レックス》」であった！ 火星《かせい》に送《おく》られた人々《ひとびと》はマルスREX《レックス》の襲撃《しゅうげき》に遭《あ》い、何人《なんにん》も食《た》べられてしまった。何《なん》とか逃《に》げ延《の》びた男《おとこ》はこの恐怖《きょうふ》の体験《たいけん》をマスコミに証言《しょうげん》した。

ナカザワ博士《はかせ》がえらんだ ボクが仲《なか》良《よ》くなりたいUMAたち!!

Dr. Nakazawa's Choice: UMAs I want to be friends with!!

ネッシー

世界中《せかいじゅう》の人《ひと》たちが一番《いちばん》その姿《すがた》を見《み》たいと願《ねが》い、正体《しょうたい》を知《し》りたがっているUMAであるネッシー。ボクもネッシーのことをもっと深《ふか》く知《し》って、仲良《なかよ》くなりたい。久《ひさ》し振《ぶ》りに陸地《りくち》に上《あ》がってもらって、ネッシーと一緒《いっしょ》にイギリスの街《まち》をお散歩《さんぽ》したいな！

スクリュー尾《お》のガー助《すけ》

ガー助《すけ》とは仲良《なかよ》くなって、日本《にほん》に遊《あそ》びに来《き》てほしい。地元《じもと》では「ハーキンマー」や「モンタナ・ネッシー」と呼《よ》ばれていた彼《かれ》が、「ガー助《すけ》」なんて可愛《かわい》らしい名前《なまえ》で呼《よ》ばれているのを知《し》って、ビックリした顔《かお》を見《み》てみたいんだ。

モスマン

未来《みらい》を予知《よち》できるとも言《い》われているモスマンと仲良《なかよ》くなれたら不幸《ふこう》な事故《じこ》を防《ふせ》ぐボランティア活動《かつどう》をしたいね。モスマンの背中《せなか》に乗《の》って、事故《じこ》が起《お》きる場所《ばしょ》へと駆《か》けつけるぞ！

スカイヘアー

人《ひと》の思《おも》いから生《う》まれたスカイヘアーだったら、ボクの心《こころ》から新《あたら》しいUMAを生《う》み出《だ》す方法《ほうほう》も教《おし》えてくれるかもしれない。ボクが空想《くうそう》しているカッコいいUMA、かわいいUMAをたくさん誕生《たんじょう》させたいんだ！

仲良《なかよ》くなれたらウレシイな～

スカイフィッシュ

探検中《たんけんちゅう》に危険《きけん》な目《め》にあったときに、素《す》早《ばや》く逃《に》げるように、速《はや》く動《うご》く練習《れんしゅう》につき合《あ》ってほしい。みんなはスカイフィッシュと一緒《いっしょ》に運動会《うんどうかい》の練習《れんしゅう》をしてみるとイイかもね！

ホプキンスビル・モンスター

UMA探検《たんけん》の相棒《あいぼう》に一番《いちばん》なってほしいのが彼《かれ》。一緒《いっしょ》に飛行機《ひこうき》や船《ふね》にも乗《の》れるし、ホテルにも泊《と》まれる。頑丈《がんじょう》な体《からだ》の持《も》ち主《ぬし》だから、いざという時《とき》には守《まも》ってくれそう！頼《たの》もしいヤツだ。

牛久《うしく》プテラノドン

タイムトラベルする力《ちから》を持《も》っている牛久《うしく》プテラノドンの背中《せなか》に乗《の》って、いろんな時代《じだい》に行《い》ってみたい！ プテラノドンの故《こ》郷《きょう》である恐竜時代《きょうりゅうじだい》はもちろん、江戸時《えどじ》代《だい》に行《い》ってお侍《さむらい》さんにも会《あ》いたい。未《み》来《らい》に行《い》ったら、ネッシーやツチノコの正体《しょうたい》も解明《かいめい》されているかもしれないぞ！

太歳《たいさい》

UMAを探《さが》すのは大変《たいへん》なことだから太歳《たいさい》の肉片《にくへん》を少《すこ》し分《わ》けてもらって、不老不死《ふろうふし》になれたらイイなぁ。何百年後《なんびゃくねんご》も何千年後《なんぜんねんご》もUMA探《さが》しが続《つづ》けられたら、それだけUMAと出会《であ》えるチャンスも増《ふ》えるからね！

モンゴリアン・デス・ワーム

毒《どく》や電流《でんりゅう》で襲《おそ》ってくる危険《きけん》な生《い》き物《もの》だから、仮《かり》に発見《はっけん》しても遠《とお》くから観察《かんさつ》しようと決《き》めているけど、本当《ほんとう》は仲良《なかよ》くなりたい。キャンプへ一緒《いっしょ》に行《い》けたら、いざというときは電《でん》気《き》も分《わ》けてくれるし、危険《きけん》な動物《どうぶつ》から守《まも》ってもくれそう!!

モケーレ・ムベンベ

お肉《にく》を食《た》べたら死《し》んじゃうという怖《こわ》い話《はなし》が伝《つた》わっているけど、ボクは仲良《なかよ》くなりたいよ！ モケーレ・ムベンベは食《た》べるより、一緒《いっしょ》に遊《あそ》ぶべき生《い》き物《もの》だ。

大《だい》集《しゅう》合《ごう》

50音《おん》さくいん

UMA

UMA Massive Collection —— 50-note index

OTHER CUTS

UMA共演《きょうえん》

DF-3B

UMA
研究家
いるよ

世界初!
動く
待ちあわせ
場所
いる
よ
UMA
研究家
BAR
BER

UMA
研究家

BAR
BER

おわりに

END

中沢健《なかざわたけし》

この本《ほん》を読《よ》んでくれた人《ひと》の中《なか》には、UMAのことが大好《だいす》きで、UMAについて書《か》かれた本《ほん》を何冊《なんさつ》も持《も》っている人《ひと》もいるかもしれない。

ひょっとすると、「このUMAのかたちは間違《まちが》ってるぞ!」と思《おも》った人《ひと》もいるんじゃないかな?

だけど、UMAは生物学的《せいぶつがくてき》に解明《かいめい》されていない未確認生物《みかくにんせいぶつ》で、どんな姿《すがた》をしているのか正体《しょうたい》が分《わ》からない生《い》き物《もの》なんだ。たとえば、この本《ほん》の中《なか》でも紹介《しょうかい》されているモケーレ・ムベンベは、どのUMA本《ぼん》を見《み》ても中生代《ちゅうせいだい》ジュラ紀《き》の恐竜《きょうりゅう》アパトサウルスのような姿《すがた》で描《えが》かれている。

でも、モケーレ・ムベンベが恐竜《きょうりゅう》のような姿《すがた》でイメージされるようになったのには、ある理由《りゆう》があった。

初《はじ》めて現地調査《げんちちょうさ》を行《おこな》ったUMA研究家《けんきゅうか》が、恐竜図鑑《きょうりゅうずかん》を現地《げんち》の人《ひと》たちに見《み》せて「モケーレ・ムベンベに似《に》ている生物《せいぶつ》はこの中《なか》にいますか?」と聞《き》いて回《まわ》ってしまったんだ。現地《げんち》で目撃《もくげき》されていた巨大生物《きょだいせいぶつ》は恐竜《きょうりゅう》とは別《べつ》の生物《せいぶつ》だったかもしれないのに、この調査《ちょうさ》によって現地《げんち》の人《ひと》たちもモケーレ・ムベンベは恐竜《きょうりゅう》のような生《い》き物《もの》だと思《おも》いこむようになってしまったんだ。

ネッシーと聞《き》けば、みんなは首《くび》の長《なが》い巨大生物《きょだいせいぶつ》の姿《すがた》をイメージすると思《おも》う。だけど、ネッシーの目撃談《もくげきだん》で最初《さいしょ》に長《なが》い首《くび》を持《も》った生物《せいぶつ》の話《はなし》が出《で》てきたのは1933年《ねん》。それ以前《いぜん》にもネス湖《こ》で巨大《きょだい》生物《せいぶつ》を見《み》たという話《はなし》はあったけれど、それまでは首《くび》が長《なが》いというイメージは持《も》たれていなかった。

UMAを目撃《もくげき》した人《ひと》はほんの一瞬《いっしゅん》しか姿《すがた》を見《み》れていなかったり、全体像《ぜんたいぞう》は確認《かくにん》できなかった場合《ばあい》も多《おお》い。そういう人《ひと》も、すでに出来《でき》あがっているイメージのせいで、本当《ほんとう》は首《くび》が長《なが》くなかった生《い》き物《もの》を見《み》ても、首《くび》が長《なが》い生《い》き物《もの》を見《み》たように思《おも》いこんでしまうこともあるだろう。

UMAの本《ほん》に掲載《けいさい》されるイラストは、どの本《ほん》を見《み》ても似《に》たり寄《よ》ったりのイメージで描《えが》かれている。でも、「このUMAはこういうかたちをしている」と決《き》めつけてしまうのは危険《きけん》なんじゃないかな？

この本《ほん》にのっているUMAを作《つく》ってくれたデハラユキノリさんは、UMAについて詳《くわ》しい人《ひと》ではなかったんだ。それを知《し》ったボクは「では、本《ほん》やインターネットでUMAの姿《すがた》を調《しら》べないで作《つく》ってください」とお願《ねが》いした。先入観《せんにゅうかん》なしで、新《あたら》しいUMAのかたちを作《つく》ってもらうことに意味《いみ》があると思《おも》ったからだ。

デハラさんが作《つく》ったUMAたちを見《み》て、ボクは本当《ほんとう》にビックリした。ボクが持《も》っていたイメージとはまったく違《ちが》った姿《すがた》のネッシーやフラットウッズ・モンスターがそこにいた。

だけど、今《いま》までイメージされてきたUMAの姿《すがた》が間違《まちが》っていて、本当《ほんとう》のネッシーはこんなかたちの生《い》き物《もの》なのかも？いや、まだだれも考《かん》えたことないような姿《すがた》をしている可能性《かのうせい》だってある!!

この本《ほん》を読《よ》んでくれたキミも、あまり先入観《せんにゅうかん》は持《も》たずに、UMAのかたちは自《じ》由《ゆう》に想像《そうぞう》してほしい。

UMAは未確認《みかくにん》で正体《しょうたい》不明《ふめい》なのだから!!

「UMAが生《う》まれた」

デハラユキノリ

私《わたし》は普段《ふだん》、粘土《ねんど》やソフビで自分《じぶん》の考《かんが》えたキャラクターを作《つく》っています。今回《こんかい》UMAを作《つく》る事《こと》になり、かなり悩《なや》みました。だって私《わたし》はそれを見《み》たことがないのです。UMAというと、特捜科学《とくそうかがく》ファイル的《てき》な写真解析《しゃしんかいせき》やデータを基《もと》にした無機質《むきしつ》な世界《せかい》を想像《そうぞう》していました。だけど中沢健《なかざわたけし》さんが語《かた》るUMA像《ぞう》はもっと優《やさ》しかった。居《い》るか居《い》ないか、本物《ほんもの》か偽物《にせもの》かだけじゃなく、もっと豊《ゆた》かな奥行《おくゆ》きがありました。UMAという言葉《ことば》は、日本発信《にほんはっしん》だと分《わ》かると妖怪《ようかい》の話《はなし》と近《ちか》いなと感《かん》じられました。妖怪《ようかい》は昔《むかし》からたくさんの絵師《えし》が、自分《じぶん》なりのイメージでヴィジュアル化《か》してきた最強《さいきょう》モチーフです。怖《こわ》く描《えが》く人《ひと》もいれば、滑稽《こっけい》に描《えが》く人《ひと》もいる。それが続《つづ》いて今《いま》まで忘《わす》れられずに受《う》け継《つ》がれてきている。UMAだって、人《ひと》それぞれの思《おも》い浮《う》かべる姿形《すがたかたち》があって良《よ》いんじゃないか。そう考《かんが》えると急《きゅう》に、粘土《ねんど》が生《い》き生《い》きと形《かたち》を変《か》え、見《み》たことのない生《い》き物達《ものたち》が生《う》まれました。ヌメヌメ、カチカチ、ふさふさ、手触《てざわ》りまで感《かん》じられてきます。私《わたし》の中《なか》で彼《かれ》らは確《たし》かに存在《そんざい》しています。（第一発見者《だいいちはっけんしゃ》：デハラユキノリ）

主な参考文献

『未確認動物UMA大全』並木伸一郎 著（学研プラス）2007年
『未確認動物UMAの謎　秘境に隠れ棲む怪獣モンスター』並木伸一郎 著（学研プラス）2002年
『UMA事件クロニクル』ASIOS 著（彩図社）2018年
『本当にいる世界の「未知生物」案内』天野ミチヒロ 著（笠倉出版社）2006年
『未確認生物学！』天野ミチヒロ／武村政春 著（メディアファクトリー）2008年
『本当にいる日本の「未知生物」案内：最新版！』山口敏太郎 監修（笠倉出版社）2007年
『ふしぎな世界を見てみよう！ 未確認生物大図鑑』山口敏太郎 著（高橋書店）2019年
『怪獣（UMA）は世界中にいる?!―謎と不思議の動物たち』（学習研究社）1990年
『茨城の妖怪図鑑』中沢健 著（TOブックス）2019年
『［超保存版］UMA完全ファイル これが地球「超」シークレットゾーンにうごめく未確認生物たちの生態だ』飛鳥昭雄 著（ヒカルランド）2012年
『ツチノコの民俗学　妖怪から未確認動物へ』伊藤龍平 著（青弓社）2008年
『怪獣のふしぎ　全国こども電話相談室』（小学館）1979年
『雪男は向こうからやって来た』角幡唯介 著（集英社）2011年

著者

中沢健《なかざわ・たけし》

作家、脚本家、UMA 研究家。
茨城県生まれ。UMA や怪獣にまつわるイラストや記事の書かれた歩く雑誌を体に貼りつける“動く待ちあわせ場所”スタイルで活動をする。作家デビュー作『初恋芸人』（小学館）が、NHK BS プレミアムでドラマ化。その他の著作に『キモイマン』（小学館）『茨城の妖怪図鑑』（TO ブックス）、脚本執筆作品に『ウルトラゾーン』『ガルーダの戦士ビマ』などがある。UMA 研究家として、『ビートたけしの超常現象 X ファイル』（テレビ朝日）や『緊急検証！シリーズ』（ファミリー劇場）などの番組にコメンテーターとして出演する他、自身の YouTube チャンネルでも UMA 情報を発信し続けている。

Author : Takeshi Nakazawa

Author, screenwriter, and UMA researcher.
Born in Ibaraki Prefecture, he works in the style of a “moving meeting place” where he attaches magazines with illustrations and articles on UMAs and monsters to his body. His debut work as an author, “Hatsukoi Geinin” (Shogakukan), was dramatized on NHK BS Premium. Other works include “Kimoi Man” (Shogakukan) and “Ibaraki no Yokai Zukan” (TO Books), and scriptwriting for “Ultra Zone” and “Garuda no Senshi Bima”, etc. As a UMA researcher, he has appeared in “Beat Takeshi no Choujogensho X File” (TV Asahi) and “Kinkyu Kensho! Series” (Family Gekijo) as a commentator, and also continues to provide UMA information on his YouTube channel.

フィギュア、イラスト、写真

デハラユキノリ

フィギュアイラストレーター。
1974 年高知県生まれ、カツオ育ち。年間制作フィギュアは約 400 体。ナイキ、NEC、タワーレコード、アシックスヨーロッパなどの広告を手がけ、フィギュア作家として年間 4 ～ 6 回のペースで東京をはじめ台湾・韓国・香港・NY・LA・パリなどで個展を開催。著書にフィギュア写真集『サトシ君のリストライフ』（リトルモア）、絵本に『お野菜戦争』『サトシくんとめんたくん』（長崎出版）がある。

Figure, Illustration, Photography : Yukinori Dehara

Figure illustrator
Born in Kochi Prefecture in 1974 and grew up in Katsuo. Produces about 400 figures a year. He has worked on advertisements for Nike, NEC, Tower Re cords, ASICS Europe, etc. He holds solo exhibitions as a figure artist 4-6 times a year in Tokyo, Taiwan, Korea, Hong Kong, NY, LA, Paris, etc. He is the author of the figure photo book “Satoshi’s Restructure Life” (Little More) and the picture books “Oyasai Senso” and “Menta & Satoshi” (Nagasaki Shuppan).

となりのUMAランド

写真で見る未確認生物図鑑

2023年7月26日　初版第1刷発行

著者　中沢健

フィギュア・イラスト・写真　デハラユキノリ

デザイン　根子敬生

UMAのキモチ担当（編集協力）　Apsu Shusei

翻訳　アダムス亜里咲

Special thanks　石井等

校正　株式会社鴎来堂

プリンティングディレクター　花岡秀明

印刷　藤原印刷株式会社

製本　加藤製本株式会社

企画・編集　根本峰希

発行所　YAMAVICO HAUS

〒232-0055　神奈川県横浜市南区中島町2-45

E-mail　info@yamavico.com　Web　www.yamavico.com

発売元　株式会社 横浜アニメーションラボ

〒232-0055　神奈川県横浜市南区中島町2-45

TEL　045-742-6355　FAX　045-315-4455

ISBN　978-4-9910506-4-0　C8076